编委会

语言服务书系·国际中文教育

中华经典文化
读与写

杨春耘　主编

Reading and Writing of
Chinese Classic Culture

暨南大学出版社
JINAN UNIVERSITY PRESS

中国·广州

图书在版编目（CIP）数据

中华经典文化读与写／杨春耘主编. —广州：暨南大学出版社，2023.10
（语言服务书系. 国际中文教育）
ISBN 978 – 7 – 5668 – 3653 – 3

Ⅰ. ①中…　Ⅱ. ①杨…　Ⅲ. ①汉语—对外汉语教学—教学参考资料　Ⅳ. ①H195.4

中国国家版本馆 CIP 数据核字（2023）第 074264 号

中华经典文化读与写

ZHONGHUA JINGDIAN WENHUA DU YU XIE

主　编：杨春耘

出 版 人：张晋升
责任编辑：康　蕊
责任校对：张　钊
责任印制：周一丹　郑玉婷

出版发行：暨南大学出版社（511443）
电　　话：总编室（8620）37332601
　　　　　营销部（8620）37332680　37332681　37332682　37332683
传　　真：（8620）37332660（办公室）　37332684（营销部）
网　　址：http：//www. jnupress. com
排　　版：广州良弓广告有限公司
印　　刷：佛山市浩文彩色印刷有限公司
开　　本：787mm×1092mm　1/16
印　　张：16
字　　数：298 千
版　　次：2023 年 10 月第 1 版
印　　次：2023 年 10 月第 1 次
定　　价：69. 80 元

编写说明

为了传播中华优秀文化，提升中华文化影响力，应"加强对外文化交流和多层次文明对话，创新推进国际传播，利用网上网下，讲好中国故事，传播好中国声音，促进民心相通"。我们根据课程教学目标和留学生实际需求，在留学生汉语课程培养方案中增加了中华经典诗词诵读，该课程为实践训练类课程，旨在通过讲授中华经典诗词，指导留学生诵读，引导他们了解中华文学经典。

在多年教学实践的基础上，我们以学生反馈和全程教学体验为依据，经过经验分享、论证、调查后组织编写本教材，分线上和线下两部分。该教材是针对临床医学留学生汉语课程——"中华经典诗词诵读"实践训练课程编写的，也适合在中国学习汉语的其他专业留学生使用。

本教材精选50首中华经典诗词作诵读课文。诗词的选编主要遵循以下原则：第一，典型性和代表性原则。优选脍炙人口的中华经典诗词名篇，注重文化内涵、美好品德，强调教育意义。古诗词为主，少量现代诗；唐诗宋词占比较高，兼顾题材、体裁、风格和其他朝代作者的适度分布。第二，循序渐进原则。经典诗词排序充分考虑语言学习进度和语言难度的层递性，充分考虑留学生的汉语水平、文化理解与接受能力。第三，实用性原则。每课古诗词内容配有注释、作者简介、古诗词的今译以及较详细的赏析与诵读指导，以便留学生自学。教材每课的经典阅读内容包括古训、谚语、成语、歇后语、古诗词名句等。读后写作部分既可以检验留学生的学习理解程度，也可以提高他们的写作技能。每课读与写的内容也尽量与课文内容的难易度匹配，尽量在形式上和内容上相互兼顾或者补充。

每课的板块突出知识性，包括经典古诗词（带拼音＋MPR）、词语注释、作者简介、古诗词今译、诗词赏析、诵读指导、写汉字、经典阅读、读后写作。写作练习的设计具有灵活性，可以激发不同学生的不同思考和表达。后续线上平台以视听内容为主，展示留学生经典诗词诵读小视频和教师授课视频。这也是其他教材使用者的展示平台，促进使用者与编写者的交流互动，有利于提高教学效果，突出教材的趣味性与交互性。

编写团队为每首诗词配有不同时期的中国画，风格多元，以不同角度呈现诗词作品意境，使教材在形式上富有美感，拟在培养留学生读写能力的同时也提高其审美鉴赏能力，进而引导他们用自己的方式表达美，创造美。

教材里的每一课诗词均要求诵读。我们希望留学生通过大量的诵读，在训练汉语语音、语调的同时积累诗词知识，提升中文文学素养，逐步深化对中华文化的认知。我们希望留学生通过中华经典诗词诵读和经典阅读，不仅学习语言知识、欣赏中文的美妙与精深，更能聆听古人的心声与智慧；通过中华经典诗词诵读、经典阅读和读后写作，提高他们的阅读能力、写作与口语表达能力；让留学生通过中华经典读与写，把中华文化和所在国文化联系起来，为促进中外文化交流、构建人类命运共同体贡献自己的力量。

此次教材的编写，我们在充分实践和调研的基础上，听取了一些专家和教师的意见和建议，暨南大学出版社给予了大力支持，杜小陆先生和康蕊女士在该教材立项后的编写和出版过程中，给予我们中肯的建议和帮助，在此，我们表示诚挚的感谢。

本教材诗词的英语注释与翻译将在线上和教学 PPT 中呈现，英译主要选自许渊冲先生的各类著作，本教材主编也有少量翻译。英语主审由翻译学博士生导师赵友斌教授完成，在此衷心感谢他为本教材的出版所作出的贡献。参编教师来自川北医学院、西华师范大学、四川师范大学、上海师范大学、遵义医科大学、贵州医科大学、太原理工大学、西南医科大学、重庆科技学院、石河子大学。谨此向我们辛勤工作的团队表示衷心感谢。

在教材的编写过程中，我们参阅了一些专家学者的相关著作及资料，特别是对于诗词的注释、读音、解读、标点有争议的部分，我们通过反复对比，采用了现行最通用的表述。为了更准确地注释和注音，我们还结合了《现代汉语词典》第 7 版和《古代汉语词典》第 2 版，同时参考其他专业标准标注。经典阅读部分内容也都有明确的出处。

诚盼专家和读者不吝赐教，以便我们不断改进和更新。

编　者

2023 年 3 月

目 录
CONTENTS

编写说明 ………………………………………………………… 001

1　山村咏怀　[宋]邵雍 ………………………………………… 001

2　咏 鹅　[唐]骆宾王 ………………………………………… 005

3　春 晓　[唐]孟浩然 ………………………………………… 009

4　静夜思　[唐]李白 …………………………………………… 014

5　逢老人　[唐]隐峦 …………………………………………… 019

6　登鹳雀楼　[唐]王之涣 ……………………………………… 024

7　相 思　[唐]王维 …………………………………………… 029

8　送 兄　[唐]佚名 …………………………………………… 034

9　梅 花　[宋]王安石 ………………………………………… 038

10　山中送别　[唐]王维 ……………………………………… 043

11　夜宿山寺　[唐]李白 ……………………………………… 047

12　江 雪　[唐]柳宗元 ……………………………………… 052

13　饮湖上初晴后雨二首·其二　[宋]苏轼 ………………… 056

14　绝句四首·其三　[唐]杜甫 ……………………………… 061

15 忆江南三首·其一　　[唐]白居易 ································ 066

16 渔歌子五首·其一　　[唐]张志和 ································ 070

17 清　明　[唐]杜牧 ···························· 074

18 回乡偶书二首·其一　　[唐]贺知章 ···························· 079

19 咏　柳　[唐]贺知章 ································ 083

20 题都城南庄　　[唐]崔护 ····························· 088

21 江　南 ·································· 092

22 小　池　[宋]杨万里 ························· 097

23 山　行　[唐]杜牧 ·························· 102

24 秋词二首·其一　　[唐]刘禹锡 ····························· 106

25 九月九日忆山东兄弟　　[唐]王维 ························ 111

26 大林寺桃花　　[唐]白居易 ························ 116

27 暮江吟　　[唐]白居易 ··································· 121

28 枫桥夜泊　　[唐]张继 ······························· 125

29 如梦令·常记溪亭日暮　　[宋]李清照 ················ 129

30 天净沙·秋思　　[元]马致远 ····················· 134

31 敕勒歌 ····························· 139

32 游子吟　　[唐]孟郊 ························· 144

33 如梦令·昨夜雨疏风骤　　[宋]李清照 ················ 150

34 长相思·汴水流　　[唐]白居易 ···················· 155

35 浣溪沙·一曲新词酒一杯　　[宋]晏殊 …………………… 159

36 长相思·山一程　　[清]纳兰性德 …………………… 164

37 生查子·元夕　　[宋]欧阳修 …………………… 168

38 卜算子·我住长江头　　[宋]李之仪 …………………… 173

39 西江月·夜行黄沙道中　　[宋]辛弃疾 …………………… 177

40 归园田居组诗·其三　　[晋]陶渊明 …………………… 182

41 虞美人·春花秋月何时了　　[五代]李煜 …………………… 188

42 卜算子·咏梅　　[宋]陆游 …………………… 193

43 诗经·王风·采葛 …………………… 198

44 丑奴儿·书博山道中壁　　[宋]辛弃疾 …………………… 202

45 相见欢·无言独上西楼　　[五代]李煜 …………………… 206

46 定风波·莫听穿林打叶声　　[宋]苏轼 …………………… 211

47 将进酒　　[唐]李白 …………………… 217

48 乡 愁　　余光中 …………………… 228

49 有的人——纪念鲁迅有感　　臧克家 …………………… 234

50 你是人间的四月天——一句爱的赞颂　　林徽因 …………………… 242

山村咏怀

[宋] 邵雍

yí qù　　èr sān lǐ
一 去[1] 二 三 里，

yān cūn　　sì wǔ jiā
烟 村[2] 四 五 家[3]。

tíng tái　　liù qī zuò
亭 台[4] 六 七 座，

bā jiǔ shí zhī huā
八 九 十 枝 花。

清·黄慎《桃花源图》（局部）

一、注释

[1] 去：距离。

[2] 烟村：被烟雾笼罩的村庄。

[3] 家：人家。

[4] 亭台：亭子。路边或花园里供人们休息用的建筑物，面积较小，大多只有顶，没有墙。

二、今译

不知不觉离家二三里远了，

轻雾笼罩着四五户人家。

路边亭台楼阁有六七座，

还有八九十枝鲜花在绽放。

三、作者简介

邵雍（1011—1077），字尧夫，自号安乐先生、伊川翁等，范阳（今河北涿州）人，北宋著名理学家、数学家、诗人，与周敦颐、张载、程颢、程颐并称"北宋五子"。代表作有《皇极经世》《观物内外篇》《先天图》《渔樵问对》等。

四、赏析

这首诗是诗人在阳春三月去共城（今河南辉县）游玩时，看到乡村野外的宜人风光所写。

诗人在这首诗中巧妙地运用了数词和量词。数词从一到十按照自然数序排列，"一"字开头，"二三""四五""六七""八九十"嵌于句中。每句一个量词，即"里""家""座""枝"，把距家两三里之外的烟村、人家、亭台、鲜花编织在一起，随着诗句绘就的画面自然排列，新颖且有变化。"一去二三里，烟村四五家"既有线状视觉，也有面的铺开。"亭台六七座，八九十枝花"则变换为点状视觉印象：亭台座座，鲜花朵朵。

全诗语言浅白，寥寥几笔，点线面结合，构成了一幅自然美好、淡雅闲适的田园风景画。

五、诵读指导

全诗描写了阳春三月的田园风光，意境淡雅。诵读时，请注意对数词和量词的处理，把握好语气和节奏的变化，以表现美好的乡村风光、诗人闲适的心情和充分享受生活的积极态度。

一去/二三里，

烟村/四五家。

亭台/六七座，
八九十枝花。

六、写汉字

去
| 一 | 十 | 土 | 去 | 去 |

里
| 丨 | 冂 | 日 | 旦 | 甲 |
| 甲 | 里 |

烟
| 丶 | 丷 | 少 | 火 | 火 |
| 灯 | 炯 | 烟 | 烟 | 烟 |

村
| 一 | 十 | 才 | 木 | 木 |
| 村 | 村 |

家
| 丶 | 八 | 宀 | 宀 | 宀 |
| 宁 | 豕 | 豕 | 家 | 家 |

亭
| 丶 | 二 | 亠 | 声 | 亩 |
| 亩 | 亭 | 高 | 亭 |

台
| 厶 | 厶 | 台 | 台 | 台 |

座
| 丶 | 亠 | 广 | 广 | 庐 |
| 座 | 座 | 座 | 座 | 座 |

枝

一	十	才	木	木
朴	枋	枝		

花

一	艹	艹	艿	芢
花	花			

七、经典阅读

一寸光阴一寸金，寸金难买寸光阴。

——《增广贤文》

释义： 光阴指代时间。这句话的意思是，一寸光阴和一寸长的黄金一样昂贵，而一寸长的黄金却难以买到一寸光阴。比喻时间十分宝贵，我们应该珍惜时间。

八、读后写作

请根据"经典阅读"中的语句，写一段读后感或者仿写。

咏[1] 鹅

[唐] 骆宾王

é é é
鹅，鹅，鹅，

qū xiàng xiàng tiān gē
曲[2] 项[3] 向 天 歌[4]。

bái máo fú lù shuǐ
白 毛 浮 绿 水，

hóng zhǎng bō qīng bō
红 掌[5] 拨[6] 清 波。

宋·崔白《双鹅图》

一、注释

[1] 咏：用诗、词等来叙述。

[2] 曲：弯曲。

[3] **项**：颈的后部。这里指鹅的脖子。

[4] **歌**：唱。这里指鹅的欢叫。

[5] **掌**：某些动物的脚掌。这里指鹅蹼。

[6] **拨**：划动，拨开。

二、今译

鹅，鹅，鹅，

弯着脖子向天欢叫。

洁白的羽毛漂浮在碧绿的水面上，

红红的脚掌拨动着清清的水波。

三、作者简介

骆宾王（约619—687），字观光，婺州义乌（今浙江义乌）人，唐代诗人，与王勃、杨炯、卢照邻合称"初唐四杰"。代表作有《骆宾王文集》。

四、赏析

这首咏物诗相传是骆宾王七岁时所作，语言淳朴自然，清新欢快，朗朗上口。

诗人开篇连用三个"鹅"字。这种反复咏唱的方式有强烈的提示作用，让人如闻其声，如见其形，也表达了诗人初见鹅时的喜悦心情。第二句"曲项向天歌"，诗人进一步把视线聚焦到鹅的身上，用一个"曲"字，生动描绘了鹅伸长脖子、弯曲着向天鸣叫的模样，使鹅的形象更加鲜明，也引发了我们对鹅的声音的期待与想象。

第三、四句采用了对偶句，"白毛浮绿水，红掌拨清波"写鹅游水时的情景。通过色彩对比，使"白毛""绿水""红掌""清波"相映，色彩十分鲜明。动词的使用也恰到好处，一个"浮"字，说明鹅在水中悠然自得。"拨"字则表明鹅在水中用力划水，以致掀起了水波。这两句中的色彩反差和动态勾勒，让鹅的形象和游动的姿态生动可爱，构成了一幅美丽的"白鹅嬉水图"。

五、诵读指导

　　这首诗抓住鹅的突出特征，写得自然、传神，诵读时宜用清新欢快的语气。开头的"鹅、鹅、鹅"要表现出鹅的欢叫声或者小儿对鹅的呼唤声。朗诵第二、三、四句时，要突出动词、色彩词汇，表现鹅怡然自得的神情和可爱的动态形象。

　　鹅，鹅，鹅，

　　曲项/向天歌。

　　白毛/浮绿水，

　　红掌/拨清波。

六、写汉字

鹅

曲

项

向

歌

浮

绿

红

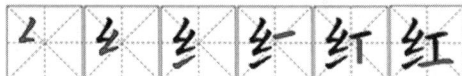

掌

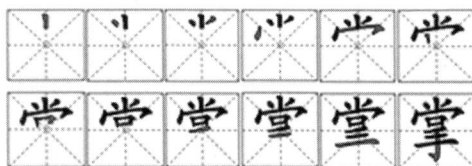

拔

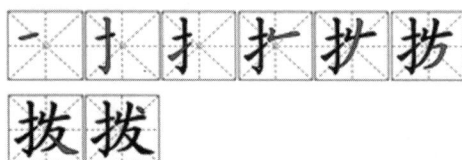

清

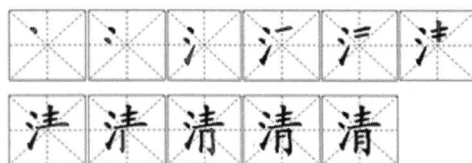

波

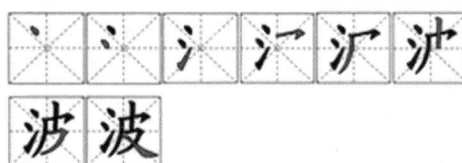

七、经典阅读

有志不在年高，无志空长百岁。

——清·石成金《传家宝》

释义：只要有志向，无论年纪大小，成就不可限量；如果一个人没有理想，那么他活到百岁也是白活。这则古训强调了"志向"的重要性。"志"用现在的话说，就是"理想"。理想对个人的成长有积极意义，需要从小培养。

八、写作

请根据自己对"经典阅读"中的语句的理解，以"理想"为题写一篇短文。

春　晓 [1]

[唐] 孟浩然

chūn mián bù jué xiǎo
春 眠 不 觉 晓 [2] ，

chù chù wén tí niǎo
处 处 闻 啼 鸟 [3] 。

yè lái fēng yǔ shēng
夜 来 风 雨 声 ，

huā luò zhī duō shao
花 落 知 多 少 。

明·沈周《落花诗意图》

一、注释

[1] **春晓**：春天的早晨。晓：天刚亮的时候。

[2] **不觉晓**：没有察觉到天亮了。

[3] **闻啼鸟**：听到鸟叫声。闻：听见。啼：（鸟）叫。

二、今译

春天酣睡以致睡到了天亮，

到处都是鸟儿清脆的叫声。

回想起昨夜的阵阵风雨声，

不知道有多少缤纷的落花。

三、作者简介

孟浩然（689—740），名浩，字浩然，号孟山人，襄州襄阳（今湖北襄阳）人，世称"孟襄阳"。他因未曾入仕，又被称为"孟山人"。孟诗绝大部分为五言短篇。其诗淡雅清新，与王维齐名，同为盛唐时期山水田园诗的代表诗人，并称"王孟"。代表作有《过故人庄》《宿建德江》等。

四、赏析

这是一首简单而又奇妙的诗。诗人抓住春天早晨刚刚醒来的瞬间，展开描写和联想，表达了诗人对春天的热爱和怜惜。

诗的第一、二句"春眠不觉晓，处处闻啼鸟"写实，写诗人春夜睡得很香很甜，天亮才醒来，醒来后听到窗外一片鸟儿的欢叫声。诗人没有具体描写满园春色，只以一句"处处闻啼鸟"来表现充满活力的春晓景象，给人们留下了丰富的想象空间。在明媚的春光里，鸟儿欢叫着，诗人心情舒畅。

第三、四句"夜来风雨声，花落知多少"写虚，鸟儿们的欢叫声让诗人回想起昨夜隐隐约约听到有阵阵风雨声，那盛开的花儿又被摇落了多少呢？这两句诗写了夜里的春风、春雨、春花。从前两句来看，夜里的春风春雨一定是轻风细雨，因为伴随着风雨声，诗人酣睡梦甜，而早晨是如此清新明媚。但风再轻、雨再细也会摇落春花，因此，"花落知多少"蕴含着诗人对春光流逝的淡淡忧伤和难以排解的惆怅。

全诗语言平易浅近，音韵灵动，景真情真，深得大自然的真趣。诗人的听觉捕捉到春天的鸟鸣声、风声、雨声，共同合奏成了优美的旋律，把读者导向广阔的大自然，引领读者去想象那夜里的春风、春雨，那些娇艳的纷纷洒洒的花儿，以及鸟鸣啾啾的无边春色。

五、诵读指导

充分体会诗人对美好春天的喜爱，以及对春花逝去的淡淡忧伤和微微惆怅。朗诵时，注意节奏和停顿。前两句用柔和、舒缓的语调，音量不宜过大。念到"晓""鸟""少"时，字音要适当延长，略带吟诵的味道，读出诗的音韵美和节奏感。宜重读"花落"，逐渐降低"知多少"的音量，以此来表现诗人对落花的惋惜之情。

春眠/不觉/晓，

处处/闻/啼鸟。

夜来/风雨/声，

花落/知/多少。

六、写汉字

春

一	二	三	夫	夫	夫
春	春	春			

眠

丨	冂	冂	月	目	目
旷	眠	眠	眠		

觉

丶	丷	丷	丷	学	学
觉	觉	觉			

晓

丨	冂	冂	日	日	昀
晓	晓	晓	晓		

中华经典文化读与写

处
丿 勹 夂 处 处

闻
丶 丨 门 门 闩 闻
闻 闻 闻

啼
丨 口 口 叮 吽 吽
哼 咛 啼 啼 啼 啼

鸟
丿 勹 勺 鸟 鸟

夜
丶 亠 广 疒 疒 夜
夜 夜

风
丿 几 凤 风

雨
一 冂 冋 雨 雨 雨
雨 雨

声
一 十 士 吉 吉 声
声

落
一 艹 艹 芍 茐 茐
茐 莎 茨 茨 落 落

知
丿 丨 乍 乍 矢 知
知 知

七、经典阅读

肥不过春雨，苦不过秋霜。

——谚语

释义：谚语是指广泛流传于民间的言简意赅、通俗易懂的短语或韵语。多数谚语反映了劳动人民的生活实践经验，而且一般是经由口头传下来的。上面的谚语是说，春天的雨水非常有利于农作物的生长，而秋冬的霜对农作物和农民都是不利的。民间谚语还有"春雨贵如油"的说法。

八、写作

请对照"经典阅读"中的中国谚语，写一句你的国家类似的谚语并翻译为中文。

静夜[1] 思

[唐] 李白

chuáng qián míng yuè guāng
床 前 明 月 光 ，

yí shì dì shang shuāng
疑是[2] 地 上 霜 。

jǔ tóu wàng míng yuè
举头[3] 望 明 月 ，

dī tóu sī gù xiāng
低头思[4] 故 乡[5] 。

宋·李唐《山斋赏月图》

一、注释

[1] **静夜**：宁静的夜晚。

[2] **疑是**：好像是。

[3] **举头**：抬头。

[4] **思**：思念；怀念；想念。

[5] **故乡**：家乡。

二、今译

透过窗户映照床前的明亮月光，

好像是地上泛起来的一层白霜。

我抬头望着天上的那一轮明月，

低下头不由得思念远方的故乡。

三、作者简介

李白（701—762），字太白，号青莲居士，又号"谪仙人"。祖籍陇西成纪（今甘肃秦安东），出生在西域的碎叶城（今巴尔喀什湖南面的楚河流域），幼时随父迁居绵州昌隆（今四川江油县）青莲乡。李白是唐代伟大的浪漫主义诗人，少年即显露才华，吟诗作赋，博学广览，与杜甫并称为"李杜"。为了与另外两位诗人李商隐与杜牧即"小李杜"区别，杜甫与李白又合称"大李杜"。李白也被后人誉为"诗仙"。代表作有《望庐山瀑布》《蜀道难》《将进酒》《行路难》等。

四、赏析

这首五言绝句是一首思乡名作。诗人用通俗朴实的语言描写在月明人静的秋夜，自己作为远客的思乡之情。此诗意味深长，耐人寻味。

诗的前两句"床前明月光，疑是地上霜"写诗人客居他乡，夜深人静时，对明亮的月光产生了错觉，以为是地上的白霜，思想感情的承接和连贯一气呵成。

诗的后两句"举头望明月，低头思故乡"通过动作和神态的刻画，深化了思乡之情。"望"字照应了前句的"疑"字，表明诗人已经从迷蒙转为清醒。他抬头凝望着月亮，不禁想起自己的家乡也正处在这轮明月的照耀下，于是，自然引出了"低头思故乡"。

全诗通过月色的景象描写和诗人内心活动的刻画，寓情于景，以景衬情，表达了深切的思乡之情。五个动词"疑""举头""望""低头""思"形成连动的镜头，将月光和思乡之情连接起来，展现了一幅感人的月夜思乡图。

五、诵读指导

尝试感受在月明人静的秋夜，中国人含蓄而浓郁的思乡之情。诵读时，"光""霜""乡"的字音适当延长，读出诗的音韵美和节奏感。最后一句语速变缓，以表达诗人的思乡情绪。

床前/明月光，

疑是/地上霜。

举头/望/明月，

低头/思/故乡。

六、写汉字

床

、	亠	广	庀	庄	床
床					

前

、	丷	丷	斺	斺	斺
斺	前	前			

明

丨	冂	日	日	旫	明
明	明				

光

丨	丬	屮	业	光	光

疑

地

霜

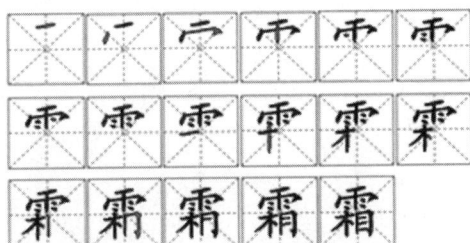

举

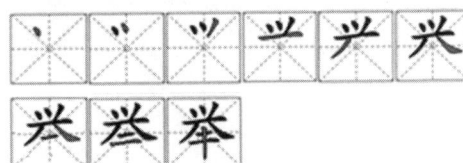

望

低

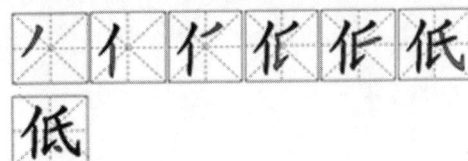

思

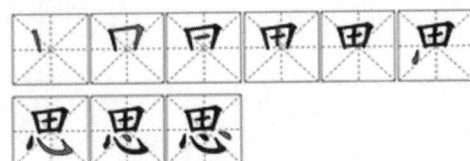

故

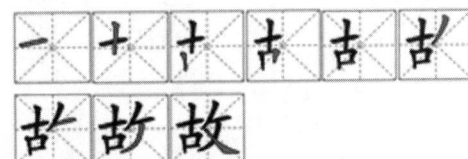

七、经典阅读

光阴似箭，日月如梭。

——《增广贤文》

释义：光阴就像射出去的箭一样，日月就像纺织机上运行的梭，比喻时间流逝得非常快，劝诫我们要珍惜时光。

八、写作

请根据"经典阅读"中的语句写一段话，谈谈你是怎样对待光阴的。

逢[1]老人

[唐] 隐峦

lù féng yì lǎo wēng
路 逢 一 老 翁，

liǎng bìn bái rú xuě
两 鬓[2] 白 如 雪。

yì lǐ èr lǐ xíng
一 里[3] 二 里 行，

sì huí wǔ huí xiē
四 回[4] 五 回 歇[5]。

清·黄慎《观花老人图》

一、注释

[1] **逢**：遇到，遇见。

[2] **鬓**：鬓角。

[3] **里**：长度单位，等于500米。

[4] **回**：量词，指事物、动作的次数。

[5] **歇**：休息。

二、今译

路上遇见一位老人，

两鬓像雪一样白。

他走上一两里路，

就得休息四五次。

三、作者简介

隐峦，唐朝末年的僧人，姓名和生活年代不详。从他的法号"隐峦"可以推测，他是个喜欢隐居在群山之间的人。他流传下来的诗作只有五首，除本诗外还有《蜀中送人游庐山》《牧童》《浮桥》和《琴》。

四、赏析

这首诗以简练通俗的语言，生动、传神地刻画了诗人偶然在路上遇到的一位老人的形象。

诗的前两句写事情发生的地点和老人的外貌。"路逢一老翁，两鬓白如雪。"诗人走在路上，遇到一位两鬓白如雪的老人。这里只写到白发，并没有其他外貌描写。这位老人怎么样呢？接下来会发生什么？

"一里二里行，四回五回歇"这两句描写了老人走路时步履艰难的情形。诗里没有交代老人的年龄和身体情况，给了读者想象空间。也许他的年龄已经很大了，也许还体弱，因为他走一里或二里路，便要歇息四次或五次。这两句用了四个不同的数字作对比，将老人行动不便的特征清晰地呈现出来。

这首诗的语言浅显易懂，富于变化。"一""二""四""五"四个数字的运用非常巧妙，依次排列，但是因为量词的变化，起到了非常别致的效果，把老人的形象刻画得栩栩如生。

五、诵读指导

充分理解诗的内容和意境，用平实的语调和叙事语气诵读，注意把握诗的节奏和句子重音，特别在处理"一里二里行，四回五回歇"时，其韵律和节奏要有别于其他诗歌。

路逢/一老翁，

两鬓/白如雪。

一里/二里/行，

四回/五回/歇。

六、写汉字

路

丶	口	口	卫	卫	卫
卫	趵	趵	政	政	路

路

逢

丿	夕	夂	夅	夆	夆
夆	峯	逢	逢		

老

一	十	土	耂	耂	老

两

一	冂	币	两	两	两

两

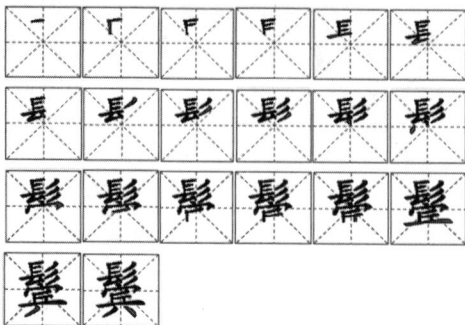

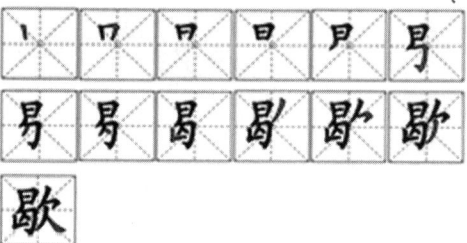

七、经典阅读

福如东海长流水，寿比南山不老松。

——明·柯丹邱《荆钗记·庆诞》

释义："福如东海长流水，寿比南山不老松"为"福如东海，寿比南山"的引申义，是中国人对老年人生日的祝福语，祝福老年人福寿双全。福气如东海的水一样广阔浩大，无穷无尽，形容福气多；寿命和终南山上的松树一样，永远存在，长生不老，形容寿命长。

八、写作

在你的国家，老年人过生日时你们用什么祝福语？请你用中文描述。

登鹳雀楼[1]

[唐] 王之涣

bái rì yī shān jìn
白 日 依 山 尽[2] ，

huáng hé rù hǎi liú
黄 河 入 海 流 。

yù qióng　　qiān lǐ mù
欲 穷[3] 千 里 目[4] ，

gèng　　shàng yì céng lóu
更[5] 上 一 层 楼 。

清·杨晋《黄鹤楼图》

一、注释

[1] **鹳雀楼**：又名鹳鹊楼，位于山西省永济市蒲州镇。

[2] **尽**：落下；消失。

[3] **穷**：穷尽。

[4] **千里目**：眼界宽阔，看得远。

[5] **更**：再。

二、今译

夕阳傍着山头慢慢落下，

黄河朝着东海滔滔奔流。

若想能看到更远的风光，

那就要登上更高一层楼。

三、作者简介

王之涣（688—742），字季凌，绛州（今山西省新绛县）人。盛唐著名诗人，遍游山水，长于边塞诗，与岑参、高适、王昌龄被称为唐代"四大边塞诗人"。有六首诗传世，代表作有《凉州词二首》《登鹳雀楼》《送别》《宴词》等。

四、赏析

这是一首全篇对仗工整的五言绝句。写日落时山河的苍茫壮阔以及诗人登高远望的感悟。

前两句"白日依山尽，黄河入海流"写登楼远眺的情景。绵绵万里河山似乎浓缩在这短短十个字中，让人如临其境。一个"依"字让读者感觉到太阳一点一点顺着山势，慢慢落到山那边去，仿佛看到了日落的全过程。"白日依山尽"写的是眼前景象，"黄河入海流"则写的是诗人遥想的景象。眼前之景和遥想之景结合在一起，就形成了非常宏大的气象。

后两句"欲穷千里目，更上一层楼"写诗人望景之所感，想看更多更远的景象，就要登上更高的楼层。这里十分自然地把道理与景物融合在一起，看似不说理，而理在其中。"欲穷千里目，更上一层楼"是根据诗歌特点，运用形象思维来显示生活哲理的典范，早已超越了诗歌的范围，成为人生的至理名言。它鼓励人们努力学习，探索真理、探索未知世界，激发积极向上的人生态度。只要我们能够"更上一层楼"，就可以看到完全不同的美丽风光，就可以达到完全不同的新境界。

全诗语言朴素浅淡却极为工整。而这种工整最符合中国人的审美情趣，让人一看就觉得美。同时，诗人用极简的语言造就了巨大的想象空间，让读者在丰富的想象中体味落日、高山、黄河、海洋的气势。这首诗具有激越昂扬的个性风格，短短二十个字，令人回味无穷。

五、诵读指导

诵读时，要感受诗歌所展示的磅礴气势和壮观景象，声调铿锵，语气激昂。注意节奏划分，可以整体处理作"二三"分割，或者细分为"二二一"停顿。但为了整体性，后两句可以强调"千里目"和"一层楼"而不作细分。

白日/依山/尽，

黄河/入海/流。

欲穷/千里目，

更上/一层楼。

六、写汉字

依

ノ	イ	イ	仁	伫	忟
佽	依				

尽

⁻	⁼	尸	尺	尽	尽

黄

一	十	艹	共	莳	苎
昔	苗	黄	黄	黄	

河

丶	氵	氵	汀	沪	沪
沪	河				

海
| ` | ` | 氵 | 汁 | 汁 | 汁 |
| 海 | 海 | 海 | 海 | | |

流
| ` | ` | 氵 | 浐 | 浐 | 浐 |
| 浐 | 浐 | 济 | 流 | | |

欲
| 丿 | 八 | 夕 | 夕 | 公 | 谷 |
| 谷 | 谷 | 谷 | 欲 | 欲 | |

穷
| ` | 八 | 宀 | 宀 | 宍 | 穷 |
| 穷 | | | | | |

目
| 丨 | 冂 | 冃 | 月 | 目 | |

更
| 一 | 一 | 亓 | 亓 | 百 | 更 |
| 更 | | | | | |

层
| 乛 | 二 | 尸 | 尸 | 层 | 层 |
| 层 | | | | | |

楼
一	十	才	木	术	机
杧	桦	桦	桦	楼	楼
楼					

七、经典阅读

百尺竿头，更进一步。

——宋·释道原《景德传灯录》

释义：百尺竿头即百尺高的竿子。佛教以此比喻道行修养达到的极高境界。整句话原意是说，修行到极高境界，再上一步才能修成正果。后借指不满足于已有成就，继续努力，以取得更好的成绩。

八、写作

请谈谈你对"经典阅读"中的语句的理解，以及你在学习和生活中是怎么做的。

相 思

[唐] 王维

hóng dòu　　shēng nán guó
红 豆[1] 生 南 国[2]，

chūn　lái　fā　jǐ　zhī
春 来 发 几 枝？

yuàn jūn　　duō cǎi xié
愿 君[3] 多 采 撷[4]，

cǐ　wù　zuì　xiāng　sī
此 物 最 相 思。

宋·佚名《红果绿鹎图》

一、注释

[1] **红豆**：红豆树；红豆树的种子，像豌豆而稍扁，呈鲜红色。古代文学作品中常用来象征相思，也名"相思子"。

　[2] **南国**：南方，指岭南地区。

　[3] **君**：古代用于第二人称的一种尊称。

　[4] **采撷**：摘取，采摘。

二、今译

　　红豆生长在阳光明媚的南方，

　　春天到了不知长了多少新枝。

　　希望思念的人儿多多采摘，

　　因为它最能寄托相思之情。

三、作者简介

　　王维（约701—761），字摩诘，盛唐著名诗人，祖籍太原祁县（今山西祁县），其父迁居蒲州（今山西永济）。他是唐代山水田园诗派的代表人物，与孟浩然并称"王孟"。他精于诗文、音乐、绘画，尚佛，诗作意境高远，画意俱足，颇有禅趣，有"诗佛"之称。人们称赞他"诗中有画，画中有诗"。代表作有《使至塞上》《终南别业》《鹿柴》等。

四、赏析

　　这是一首借咏物而寄相思的诗，是写给友人的。这位友人就是唐代著名的音乐家、歌者李龟年。安史之乱期间，王维与李龟年曾经在江南相遇。这首诗还有一个题目叫"江上赠李龟年"。

　　诗的首句说"红豆生南国"，以物起兴，语言简单、直白、明了，巧妙点明了红豆的生长地，也是作者与李龟年的相逢之地。次句"春来发几枝？"的意思是，春天到了，今年又生发了多少新枝呢？诗人以奇语设问，承得自然，意味深长地寄托情思。第三句"愿君多采撷"的意思是，朋友啊，你一定要多采一些红豆。这句似乎只是叮嘱友人去多多采摘红豆，实则暗示珍惜情谊，也透露出诗人自身相思之重。最后一句，"此物最相思"，一语双关，既切中题意"相思"，又关乎情思（"相思"还有思念之意），真是妙笔生花，婉曲动人。

　　全诗语言朴实无华，深情饱满，韵律和谐柔美。据说李龟年收到此诗，深爱不已，并为此诗作曲，经常为人吟唱，听者无不动容。只因红豆在中国文化里具有丰富而唯美的爱情内涵，所以后人更愿意把这首诗当作情诗来看待。

五、诵读指导

诗人借物抒情，句句不离红豆，满腹情思却未直接表白。诵读时，情感真挚，语气明快中略带委婉，节奏根据诗意变化。"红豆生南国"宜用舒缓语气；"春来发几枝"的奇语设问用升调；"愿君多采撷，此物最相思"在意思的转折中饱含情感，应读出深长意味。

红豆/生/南国，

春来/发/几枝？

愿君/多/采撷，

此物/最/相思。

六、写汉字

相

一	十	才	木	朾	机
相	相	相			

豆

一	二	戸	戸	戸	豆
豆					

南

一	十	六	内	丙	南
南	南	南			

来

一	二	口	立	平	来
来					

中华经典文化读与写

愿

一	厂	厂	尸	厉	原
原	原	原	原	原	愿
愿	愿

君

| ㄱ | 彐 | 尹 | 尹 | 君 | 君 |
| 君 |

采

| 丿 | 爫 | 爫 | 爫 | 平 | 平 |
| 采 | 采 |

撷

一	十	扌	扩	扩	扩
护	拮	拮	拮	拮	撷
撷	撷	撷

此

| 一 | 十 | 止 | 止 | 止 | 此 |

物

| 丿 | 牛 | 牛 | 牜 | 牧 | 物 |
| 物 | 物 |

最

| 丨 | 冂 | 曰 | 曰 | 旦 | 旦 |
| 最 | 最 | 最 | 最 | 最 | 最 |

七、经典阅读

海内存知己，天涯若比邻。

——唐·王勃《送杜少府之任蜀州》

释义：这两句诗表达出送别之际的另一种态度：不论相隔多远，不管别离时长，只要始终心怀对方，将对方视作自己的人生知己，那么即使是相隔万里，也会如同比邻而居一样。这是一种更为乐观、豁达的离别态度。这其中既有对双方感情的珍重，也有对彼此关系能够经得住时间与距离考验的信任。

八、写作

请根据本课内容，写一段读后感，谈谈自己对某人的思念之情。

送 兄

[唐] 佚名

别路[1] 云初起[2]，

离亭[3] 叶正稀。

所嗟[4] 人异[5] 雁，

不作一行飞。

明·唐寅《金昌送别图》

一、注释

[1] **别路**：离别的道路。

[2] **云初起**：一般指的是早晨和黄昏，这里当指黄昏。

[3] **离亭**：驿亭。古人常在驿亭送别。另解为送别处的路亭。

[4] **嗟**：叹息。

[5] **异**：有分别；不相同。

二、今译

兄长即将远行，白云初起，

在离别的道路上，黄叶纷飞，飘落在驿亭周围。

我心中有很多不舍，只能感叹自己不能像空中高飞的大雁，

排成一队一同飞向远方。

三、作者简介

作者是唐代的一位女童，姓名及生卒年不详，写此诗时年仅七岁。据《全唐诗》记载，小女孩是南海人，因为武则天召见她，让她作一首送别兄长的诗，她随即创作了这首《送兄》。

四、赏析

这首诗表达了小诗人送别兄长时依依不舍的深情。

"别路云初起，离亭叶正稀。"诗的前两句写景，渲染离别的环境气氛。以"别路"和"离亭"标出地点，同时点明了送别这一诗歌主题，感情由此铺开。白云初起、黄叶飘零暗示了送别时间是在秋天。天边"初起"的云往往很低，有压抑感；亭子旁"正稀"的树叶，说明环境萧瑟。萧瑟清冷的秋景与难舍的离别情绪相互作用，更加烘托出全诗情感基调的惆怅和沉重，为后两句诗抒情作铺垫。

"所嗟人异雁，不作一行飞。"在诗的后两句，小女孩感叹人不如雁，突出了她想像大雁一样随兄长同去的心情。这是以大雁的同出同归反衬亲人的别离，使得小女孩不舍兄长离去之情更加深重，离别之愁绪更甚。

五、诵读指导

这首诗借景抒情，以景衬情，在朗读时要注意在景语之中加入别情，也要注意断句的问题。前两句用叙事语气，后两句表达感叹。

别路/云初起，

离亭/叶正稀。

所嗟/人异雁，

不作/一行飞。

六、写汉字

送

丶	⌄	⌄	兰	关	关
关	诶	送			

兄

丨	口	口	口	尸	兄

别

丶	口	口	号	另	别
别					

云

一	二	云	云

初

丶	之	礻	礻	礻	初
初					

离

丶	一	亠	文	卤	卤
卤	离	离	离		

叶

丨	口	口	叶	叶

正

一	丁	下	下	正	正

稀

丿	二	千	禾	禾	利
利	稀	稀	稀	稀	稀

嗟

丨	口	口	口	吖	吖
嗟	嗟	嗟	嗟	嗟	嗟

异

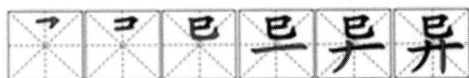

雁

七、经典阅读

兄弟同心，其利断金。

——《周易》

释义：两个人同心协力，力量足以把坚硬的金属弄断。比喻只要两个人一条心，就能发挥很大的力量。反之，心不往一处用，各存私心，必然矛盾重重，轻则财破，重则人亡。

八、写作

请根据"经典阅读"中的语句写一段读后感，谈谈你和兄弟姐妹的感情如何。

9

梅 花

[宋] 王安石

qiáng jiǎo shù zhī　　　méi
墙 角 数 枝[1] 梅，

líng hán　　　dú zì kāi
凌 寒[2] 独 自 开。

yáo　　　zhī bú shì xuě
遥[3] 知 不 是 雪，

wèi　　　yǒu àn xiāng　　lái
为[4] 有 暗 香[5] 来。

元·王冕《墨梅图》

一、注释

[1] **数枝**：几枝。

[2] **凌寒**：冒着严寒。

[3] **遥**：远远地。

[4] **为**：因为。

[5] **暗香**：梅花的幽香。

二、今译

墙角有几枝美丽的梅花，

不畏严寒独自开放。

从远处看就知道不是白雪，

因为有阵阵幽香扑鼻而来。

三、作者简介

王安石（1021—1086），字介甫，号半山，抚州临川（今江西抚州）人，北宋政治家、文学家、思想家。主写散文，是"唐宋八大家"之一；亦工诗，成就更在散文之上。其词风格独特，开启豪放派的先声，有《王临川集》《临川集拾遗》等存世。代表作有《元日》《泊船瓜洲》《梅花》《登飞来峰》等。

四、赏析

这是一首咏梅诗。诗人通过朴素的语言描述了梅花的特征，赞美了梅花不畏严寒的顽强精神和高洁的品格。

前两句"墙角数枝梅，凌寒独自开"中的"墙角"二字点明地点，"独自开"与"数枝梅"相照应，说明梅花数量不多，在墙角也不起眼，容易被忽视和冷落。即便如此，梅花也"凌寒独自开"。"凌寒"交代时间，突出梅花在寒风中开放，与霜雪为伴。"独自开"道出梅花孤独地吐露着它的芬芳。后两句"遥知不是雪，为有暗香来"写梅花虽然像雪，但与雪不同的是不时散发出阵阵幽香，给人以清新之感。"暗香"指的是梅花的香气隐隐约约。这香气很轻很淡，却会始终存在于寒冷的冬季。

整首诗语言朴素，内容简单却耐人寻味。诗人写梅花不被关注却依然不畏严寒，独自盛开，用雪比喻梅的冰清玉洁，又用"暗香"点出梅胜于雪。诗人赞美梅花，实则以梅喻己，告诉人们自己的内心就似梅花一样高洁。

五、诵读指导

《梅花》写得非常平实内敛，却耐人寻味。首句"墙角"的梅花不引人注目，更未被人赏识，诵读时应有白描之感。次句"独自"语气稍强，似无惧旁人的眼光，在恶劣的环境中依然独自开放。后两句则须诵读得含蓄，耐人寻味。

墙角／数枝／梅，

凌寒／独自／开。

遥知／不是／雪，

为有／暗香／来。

六、写汉字

墙

一	十	士	圡	圤	圤
圤	坮	墇	墙	墙	墙
墙	墙				

角

⺈	⺈	⺈	角	角	角
角					

数

⺀	⺀	丷	半	米	米
娄	娄	娄	娄	数	数
数					

梅

一	十	才	木	朾	朾
栌	梅	梅	梅	梅	

凌

、丶氵汁汢凌
汱凌凌凌

独

、犭犭犭犯犯
独独独

雪

一一二千雨雨
雪雪雪雪雪

暗

丨冂冂日日旷
旷旷旷晾暗暗
暗

寒

丶丷宀宀宁宀
宀宀寒寒寒寒

遥

丶丷卢卢卢卢
卢卑坖鲞遥遥
遥

有

一ナオ有有有

香

一二千千禾禾
香香香

七、经典阅读

开时似雪，谢时似雪，花中奇绝。香非在蕊，香非在萼，骨中香彻。

——宋·晁补之《盐角儿·亳社观梅》

释义：梅花开的时候像雪，凋谢的时候仍然像雪，在百花之中是绝无仅有的。梅花散发出来的清香不在花蕊，也不在花萼，而是从骨子里飘出来的，清香透彻。通过重复和比喻的手法描写梅花颜色与香气的与众不同，表现出梅花拥有着其他花无法比拟的独特之处。

八、写作

请根据本课对于梅花的描写，写一篇读后感，或者选择一种你喜欢的花卉进行描写。

山中送别

[唐] 王维

shān zhōng xiāng sòng　　bà
山 中 相 送[1] 罢[2]，

rì mù[3] yǎn chái fēi
日 暮[3] 掩[4] 柴 扉[5]。

chūn cǎo[6] míng nián[7] lù
春 草[6] 明 年[7] 绿，

wáng sūn[8] guī bù guī
王 孙[8] 归 不 归？

明·萧云从《长亭送别图》（局部）

一、注释

[1] 相送：与亲朋好友分离时，送对方离开。

[2] 罢：完毕。放在动词的后面，表示做完一件事。

[3] 日暮：天黑下去了。太阳快落山的时候，即傍晚。

[4] 掩：关门。

　　[5] **柴扉**：柴门，用树枝、木杆做成的门。形容住房简陋，生活贫苦。

　　[6] **春草**：春天的草。

　　[7] **明年**：一作"年年"。

　　[8] **王孙**：王侯的子孙，也泛指一般的贵族子孙。这里指送别的友人。

二、今译

　　我在山中送别友人回来，

　　回到家天色已晚，掩上柴门。

　　明年春天草又会变绿，

　　朋友啊，你回不回来呢？

三、作者简介

　　王维（约701—761），字摩诘，盛唐著名诗人，祖籍太原祁县（今山西祁县），其父迁居蒲州（今山西永济）。他是唐代山水田园诗派的代表人物，与孟浩然并称"王孟"。他精于诗文、音乐、绘画，尚佛，诗作意境高远，画意俱足，颇有禅趣，有"诗佛"之称。人们称赞他"诗中有画，画中有诗"。代表作有《使至塞上》《终南别业》《鹿柴》等。

四、赏析

　　这首《山中送别》不写离别的情景，而是写对重逢的期望，角度独特，更显诗人对友人的依依不舍之情。

　　诗的第一句"山中相送罢"，一开头就告诉读者，友人已经离开了，用一个"罢"字把送行时的不舍和感伤一笔带过，看似轻描淡写，实则黯然神伤。第二句则从白天送走友人一下子写到"日暮掩柴扉"。从友人离开到夜幕降临这段时间，诗人并未交代，但是"此时无声胜有声"，读者完全能根据生活经验感受到友人离开后诗人的寂寞神态、惆怅心情。诗人不写与友人话别的场景，也不渲染与友人分别之际的环境气氛，而写送走友人之后，日暮掩上柴扉的举动，让寂寞之感、怅惘之情变得更浓重。这表明诗人虽身在柴扉之内，心却在柴扉之外，耐人寻味。

　　诗的第三句"春草明年绿"使整首诗有了色彩和画意，而诗人盼望友人归来，再赏明年春色的深情有了借以托喻的美丽物象。最后一句"王孙归不归？"不是在友人离开时问出，而是在友人离开后浮上心头，表达了诗人与友人分手的当天就担心会很久见不到他，担心他明年将不会回来。

全诗以朴实的语言表达了诗人对友人深厚、真挚的感情。

五、诵读指导

这首诗简单朴素，"日暮""柴扉""春草"都是生活中十分常见的素材，却能显示深厚、真挚的感情。诵读时，可以通过降低音调、放慢语速将诗人的"不舍""伤感"表现出来。

山中/相送罢，

日暮/掩柴扉。

春草/明年绿，

王孙/归不归？

六、写汉字

罢

丶	口	口	四	四	四

| 罒 | 罢 | 罢 | 罢 | | |

暮

一	艹	艹	艹	苎	苜	苗

| 苗 | 莫 | 莫 | 莫 | 幕 | 幕 | 暮 |

掩

一	扌	扌	扩	扩	扻

| 扻 | 挢 | 挢 | 掩 | 掩 | |

柴

丨	卜	止	止	止	此

| 此 | 毕 | 柴 | 柴 | | |

扉

草

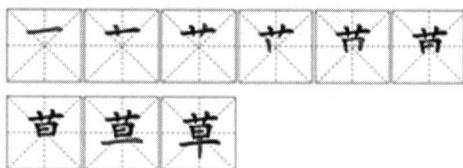

年

孙

归

七、经典阅读

精诚所至，金石为开。

——战国·庄子《庄子·杂篇·渔父》

释义：人的心意诚恳到一定程度，便可感天动地，就算是金石也可为他开裂。比喻只要专心致志、诚心诚意地做事，任何问题都能解决。

八、写作

请根据"经典阅读"中的语句，写一段读后感。

夜宿山寺

[唐] 李白

wēi lóu gāo bǎi chǐ
危楼 [1] 高百尺 [2]，

shǒu kě zhāi xīng chén
手可摘星辰 [3]。

bù gǎn gāo shēng yǔ
不敢高声语 [4]，

kǒng jīng tiān shàng rén
恐 [5] 惊 [6] 天上人 [7]。

宋·李成《晴峦萧寺图》

一、注释

[1] **危楼**：高楼，这里指山顶的寺庙。

[2] **百尺**：虚指，不是实数，这里形容楼很高。尺是长度单位，一市尺等于1/3米。

[3] **星辰**：星（总称）。

[4] **语**：说（话）。

[5] **恐**：害怕。

[6] **惊**：惊动，惊扰。

[7] **天上人**：天上的神仙。

二、今译

山上的寺院似乎有百尺高，

伸手仿佛可以摘下星星。

我不敢大声说话，

害怕惊动天上的神仙。

三、作者简介

李白（701—762），字太白，号青莲居士，又号"谪仙人"，祖籍陇西成纪（今甘肃秦安东），出生在西域的碎叶城（今巴尔喀什湖南面的楚河流域），幼时随父迁居绵州昌隆（今四川江油县）青莲乡，是唐代伟大的浪漫主义诗人。李白少年即显露才华，吟诗作赋，博学广览，与杜甫并称为"李杜"。为了与另外两位诗人李商隐与杜牧即"小李杜"区别，杜甫与李白又合称"大李杜"。李白被后人誉为"诗仙"。代表作有《望庐山瀑布》《蜀道难》《将进酒》《行路难》等。

四、赏析

这首《夜宿山寺》惟妙惟肖地描写了夜间登高的奇妙心理感受。

第一句"危楼高百尺"中的"高百尺"运用夸张手法从正面描述了山寺楼阁的高度。"危"和"高"巧妙结合，确切、生动、形象地将山寺耸立于山巅的非凡气势表现出来。第二句"手可摘星辰"中的"可摘星辰"从侧面反映楼阁之"高"，站在上面，仿佛一伸手就可以摘下天上的星星。诗人大胆地运用夸张手法，让人感受到星月之夜的美丽。

第三、四句"不敢高声语，恐惊天上人"给人以丰富的联想和身临其境之感。"不敢"与"恐惊"相呼应，非常真切地写出诗人面对如此场景，心中充满了惊叹之感，以及对大自然的敬畏之情。通过"不敢……"与"恐惊……"两句的描述，读者完全能体会到"山寺"之安静以及与"天上"距离之近，又一次从侧面展示了山寺楼阁的高度。

全诗语言淳朴自然，运用夸张的手法和奇特的想象，结合神话传说，分别从客观、主观等不同角度对山寺楼阁的高度和静谧的环境进行描述，十分生动形象，给人以丰富的联想。诗作既表现了诗人对高耸的楼阁的赞美与惊叹，又反映了诗人对天上仙人生活的好奇与向往。

五、诵读指导

这首诗表达了诗人对古代工程的惊叹，想象瑰丽，夸张巧妙，给人以强烈的视觉冲击。朗读时，请注意将"百尺""不敢""恐"的情感通过音高和音强的变化表达出来，突显山寺的高和静。

危楼/高百尺，
手可/摘星辰。
不敢/高声语，
恐惊/天上人。

六、写汉字

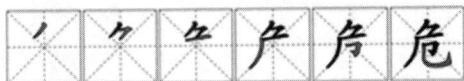

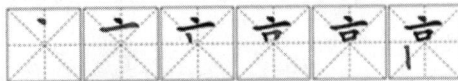

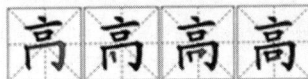

摘

星

辰

敢

语

恐

惊

七、经典阅读

学而不厌，诲人不倦。

——《论语·述而》

释义：做人要不断学习，不能感到厌烦；教育学生要有耐心，不能倦怠。中国古代的大教育家、思想家孔子，以一个师者的身份阐明自己对于教和学的严谨态度，对中国教育思想的形成和发展都产生了巨大影响。

八、写作

请根据"经典阅读"中的语句，写一段读后感，谈谈你对学习和教育的认识。

江 雪

[唐] 柳宗元

qiān shān　　niǎo fēi jué
千 山 [1] 鸟 飞 绝 [2]，

wàn jìng　　rén zōng　　miè
万 径 [3] 人 踪 [4] 灭。

gū zhōu suō lì wēng
孤 舟 蓑 笠 翁 [5]，

dú diào hán jiāng xuě
独 钓 寒 江 雪。

宋·马远《寒江独钓图》

一、注释

[1] **千山**：虚指，指群山，夸张手法。

[2] **绝**：完全没有了。

[3] **万径**：虚指，指千万条路。径：狭窄的道路，小路。

[4] **踪**：脚印；踪迹。

[5] **蓑笠翁**：披蓑衣戴斗笠的渔翁。蓑笠：蓑衣和斗笠。

二、今译

周围的群山上看不到一只飞鸟，

小路上也没有人的踪迹。

江中孤舟上一位披着蓑衣戴着斗笠的老翁，

在大雪纷飞的寒冬独自于江上垂钓。

三、作者简介

柳宗元（773—819），字子厚，河东（今山西运城）人，世称"柳河东""河东先生"，唐代著名诗人，在散文和诗歌创作方面有很高造诣。他是"唐宋八大家"之一，与韩愈共同倡导古文，并称为"韩柳"，与刘禹锡唱和，并称"刘柳"。其山水诗简淡清凄，抒壮志未酬之情怀，与王维、孟浩然、韦应物并称"王孟韦柳"。有《柳河东集》存世，代表作有《江雪》《小石潭记》《捕蛇者说》《黔之驴》等。

四、赏析

这是一幅江上雪景图。诗人借歌咏隐居在山水之间的渔翁，抒发自己在政治上的郁闷愁苦，寄托自己清高而孤傲的情操。

"千山鸟飞绝，万径人踪灭。"诗人用了夸张的手法勾勒环境：连绵的群山白雪皑皑，大地白茫茫一片，飞鸟绝迹，人踪湮没。"千山"和"万径"这样宏大的背景衬托主体形象，给读者一种苍凉寂寥、可视不可及的感觉，结构精巧别致。"绝"和"灭"突出了环境的严酷。诗人入笔并不点题，先写千山万径之寂静，栖鸟飞绝，人迹灭绝。这样的世界，似乎没有了生命和生机。

第三、四句，诗人笔锋一转，在这似乎没有了生命迹象的天地间，推出正在孤舟之中面江而钓的"蓑笠翁"形象。"孤舟蓑笠翁，独钓寒江雪"中"孤""独"二字，在"千""万"的衬托下，清晰而完整地突出渔翁身上的孤独、孤冷、孤寂，甚至孤傲。诗人到结尾才正面破题，点出"寒江雪"三字，至此一种豁然开朗的感觉油然而生。渔翁独钓的岂止是寒江雪，更是在艰难环境中的坚守，坚守自己、坚守理想、坚守本心！

《江雪》所表达的是环境带给人孤寂无助的绝望和决绝，但也展示出诗人摆脱世俗、超然物外、清高孤傲的思想感情和超逸绝伦的艺术才情。

五、诵读指导

《江雪》采用入声韵，韵味十足。诵读时，前两句以描述的口吻，语速适中，表达宏大的环境之寂静；后两句应表达诗人对寒江独钓的渔翁之赞赏。在划分节奏时，可以采取"二二一"或者"二三"划分法，读出古诗词应有的抑扬顿挫感。

千山/鸟飞绝，

万径/人踪灭。

孤舟/蓑笠翁，

独钓/寒江雪。

六、写汉字

绝

径

踪

孤

舟

| ` | ノ | 丿 | 刀 | 舟 | 舟 |

蓑

| 一 | 十 | 艹 | 艹 | 艹 | 艹 |
| 芒 | 莁 | 莁 | 莁 | 蓑 | 蓑 |
| 蓑 |

笠

| ` | ト | ト | 扲 | 竹 | 竹 |
| 竺 | 竺 | 竺 | 笠 | 笠 |

翁

| ノ | 八 | 公 | 公 | 公 | 翁 |
| 翁 | 翁 | 翁 | 翁 |

钓

| ノ | ト | ヒ | 丘 | 钅 | 钊 |
| 钓 | 钓 |

江

| 、 | 氵 | 氵 | 汀 | 汀 | 江 |

七、经典阅读

非淡泊无以明志，非宁静无以致远。

——三国·诸葛亮《诫子书》

释义：这是诸葛亮写给儿子的话，充满了哲理思考。意思是：人只有把眼前的名利看得轻淡、消除贪欲，才能使自己有明确志向；只有排除外来干扰，静下心来认真学习，才能实现远大目标。

八、写作

请根据"经典阅读"中的语句，写一段读后感。

13 饮湖上[1] 初晴后雨二首·其二

［宋］苏轼

shuǐ guāng liàn yàn　qíng fāng hǎo
水 光 潋 滟[2] 晴 方 好[3]，

shān sè kōng méng　yǔ yì　qí
山 色 空 蒙[4] 雨 亦[5] 奇[6]。

yù bǎ xī hú bǐ xī zǐ
欲 把 西 湖 比 西 子[7]，

dàn zhuāng　nóng mǒ　zǒng xiāng yí
淡 妆[8] 浓 抹[9] 总 相 宜[10]。

宋·李嵩《西湖图》

一、注释

[1] **饮湖上**：在西湖上喝酒。

[2] **潋滟**：形容水波流动。

[3] **方好**：正好。

［4］**空蒙**：迷茫缥缈的样子，多形容烟岚、雨雾。这里指细雨靡靡的样子。

［5］**亦**：也。

［6］**奇**：奇妙。

［7］**西子**：即西施，春秋时期越国的美女。

［8］**淡妆**：淡雅朴素的妆容。

［9］**浓抹**：浓艳华丽的妆容。

［10］**相宜**：适宜。指同样显得美丽动人。

二、今译

晴天的西湖，波光荡漾，景色正好。

雨中，山色朦胧，景致也很奇妙。

如果把西湖比作美女西施，

不管是淡妆浓妆，都是那么美丽动人。

三、作者简介

苏轼（1037—1101），字子瞻，号东坡居士，眉州眉山（今四川眉山）人，北宋著名文学家、书画家。他在书法、绘画、诗词、散文等方面都有很高的造诣，是"唐宋八大家"之一，与父亲苏洵、弟弟苏辙合称"三苏"。他的散文与欧阳修齐名，并称"欧苏"；他的诗歌与黄庭坚齐名，并称"苏黄"；他是豪放词派的创始人，与南宋辛弃疾并称"苏辛"。其达观豪迈的人格风范对后世影响深远。有《东坡七集》《东坡乐府》等传世。代表作有《水调歌头·明月几时有》《念奴娇·赤壁怀古》《饮湖上初晴后雨二首》《题西林壁》等。

四、赏析

《饮湖上初晴后雨二首》是苏轼描写杭州西湖美景的七绝。这是第二首，写西湖的美如古代四大美女之一的西施，表达了诗人对西湖的无限热爱和赞美之情。

首句"水光潋滟晴方好"，描写西湖晴天的水光：在灿烂的阳光照耀下，湖水荡漾、波光闪闪。这句诗的主题词是"晴"，晴天的西湖，非常绮丽。次句"山色空蒙雨亦奇"描写雨天的山色：在雨幕笼罩下，西湖周围的群山山色空蒙，烟雨朦胧。这句诗的主题词是"雨"，雨中的西湖，别有一番风味。在诗人眼中，西湖的晴姿雨态都是美好奇妙的。"晴方好""雨亦奇"，是诗人对西湖美景的赞誉。

"欲把西湖比西子，淡妆浓抹总相宜"两句，用一个贴切的比喻写出了西湖的神韵。诗人之所以拿西施来比喻西湖，不仅因为二者同在越地，同有一个"西"字，同样具有婀娜多姿的阴柔之美，更重要的是二者都具有天然美的资质，不用借助外物，不必依靠人为修饰，随时都能展现美的风致。西施无论浓施粉黛还是淡描蛾眉，总是风姿绰约；西湖不管晴姿雨态还是花朝月夕，都美妙无比，令人神往。这个比喻堪称天才手笔，得到后世的公认，从此"西子湖"就成了西湖的别称。

五、诵读指导

全诗前两句写景，有明丽和空蒙之感，从"晴方好""雨亦奇"这一赞评，可见诗人挥毫时的兴致、洒脱的性格以及开阔的胸怀。诵读时应体现豪荡之情。后两句用一个既空灵又贴切的妙喻表现了西湖的神韵，诵读时要充分体现意境的空灵和对景物的赞美之情。整体上，注意每一句的停顿以体现诗的韵律感。

水光/潋滟/晴/方好，

山色/空蒙/雨/亦奇。

欲把/西湖/比/西子，

淡妆/浓抹/总/相宜。

六、写汉字

潋

滟

晴

丨	刂	刖	日	旷	旷
旷	晴	晴	晴	晴	晴

色

𠂆	夕	名	名	多	色

空

丶	宀	宀	空	空	空
空	空				

蒙

一	十	艹	芦	芦	芦
芦	芦	芧	蒡	蒙	蒙
蒙					

亦

丶	亠	亣	亣	亦	亦

奇

一	十	大	㐁	奋	奇
奇	奇				

湖

丶	氵	氵	汁	汁	汁
沽	沽	湖	湖	湖	湖

淡

丶	丶	氵	氵	汸	沙
沙	沙	涉	涉	淡	

妆

、	冫	爿	爿	妆	妆

浓

、	冫	氵	氵	汁	沴

沈	浓	浓			

抹

一	十	扌	扩	扩	抹

抹	抹				

总

、	丷	丷	丩	丩	兰

总	总	总			

宜

、	丷	宀	宀	宜	宜

宜	宜				

七、经典阅读

士为知己者死，女为悦己者容。

——汉·刘向《战国策·赵策一》

释义：男人愿意为赏识自己、理解自己的人献身，女人愿意为欣赏自己、喜欢自己的人而梳妆打扮。

八、写作

认真体会《饮湖上初晴后雨二首·其二》的美，请尝试描写一处你喜爱的景物。

绝句四首·其三

［唐］杜甫

liǎng gè huáng lí míng cuì liǔ
两 个 黄 鹂 鸣 翠 柳 [1] ，

yì háng bái lù shàng qīng tiān
一 行 白 鹭 上 青 天 。

chuāng hán xī lǐng qiān qiū xuě
窗 含 [2] 西 岭 [3] 千 秋 雪 [4] ，

mén bó dōng wú wàn lǐ chuán
门 泊 [5] 东 吴 [6] 万 里 船 。

清·华嵒《黄鹂垂柳图》

一、注释

[1] **翠柳**：翠绿色的柳树。

[2] **含**：包含，容纳。

[3] **西岭**：成都西面的岷山。

[4] **千秋雪**：千年不化的积雪。秋：年。

[5] **泊**：船靠岸；停船。

[6] **东吴**：古地名，指长江下游一带，即今江苏、浙江一带。

二、今译

两只黄鹂在翠绿的柳枝间鸣叫，

一行白鹭正缓缓地飞上蓝天。

从窗口可以看见西岭千年不化的积雪，

门外江边停泊着来自遥远东吴的航船。

三、作者简介

杜甫（712—770），字子美，自号少陵野老，其祖先为京兆杜陵（今陕西西安）人，后迁居襄阳（今属湖北），又移居巩县（今河南省巩义市）。杜甫一生颠沛流离，历尽磨难，是中国古代最伟大的现实主义诗人。他的诗广泛地记载了他所处时代的现实生活，思想深刻，境界阔达，被称为"诗史"。其诗风格多样，以沉郁顿挫为主。他被后人尊称为"诗圣"，与李白合称"李杜"。现存诗约1500首，大多收录于《杜工部集》。

四、赏析

这首绝句是诗人住在成都草堂时所作。全诗通过对大地回春时生机勃勃景象的描写，表现了诗人对春天的无限热爱之情和悠然自得的心境。

前两句"两个黄鹂鸣翠柳，一行白鹭上青天"是动态描写。诗人抬头所见是窗外的翠绿色柳树、柳树上鸣叫的两只黄鹂鸟，还有一行白鹭缓缓地飞上蓝天。这个"上"字用得非常巧妙，突显了白鹭舒展双翅、向上翱翔、自由自在的姿态。"黄鹂""翠柳""白鹭""青天"，多种色彩组成了一幅明媚、秀丽、生动、温暖的天然画卷，透着一股祥和的气息，也流露出诗人的好心情。

后两句"窗含西岭千秋雪，门泊东吴万里船"从空间上拓展了诗歌的维度。诗人通过"窗"和"门"描写了两处景："西岭千秋雪""东吴万里船"；两种状态："含""泊"；两个地理位置："西岭""东吴"。诗人身居成都的草堂，却能看到来自万里以外的船，可知战乱平定，战事已休，水路交通顺畅，商业往来频繁，其内心的欣喜不言而喻。关注国计民生是杜甫诗歌的核心特点。诗人眼中的成都固然是青山绿水，如诗如画，但诗人关心的依然是国计民生。在他看来，也许国运昌盛和百姓富足才是最美的风景。

这首诗把对偶和对仗手法用到了极致，不仅词性相对、词组相对、数量相对、颜色相对、方位相对，而且音韵平仄也相对，完美和谐。句句写景，景色随着诗人视线的转移而徐徐展开。远远近近、大大小小、形形色色的景物，鸣叫的、飞翔的、静止的、静而欲动的，纷然呈现于草堂周围，组成一个多姿多彩、生动和谐的画卷。同时这幅画卷也寄托着诗人美好的生活情趣和对自然万物、祖国山河、百姓生活的无限深情。

五、诵读指导

这首诗描绘出四种独立的景色，营造出一幅生机勃勃的图画。诵读时，前两句应以明快、清脆、悦耳之声，尽显早春的生机与活力。后两句"千秋雪""万里船"意境深远，诵读时应体现出诗人轻松愉悦之情。

两个/黄鹂/鸣/翠柳，

一行/白鹭/上/青天。

窗含/西岭/千秋雪，

门泊/东吴/万里船。

六、写汉字

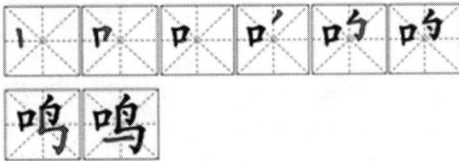

翠

⁊	⁊	⁊	羽	羽	羽
羽	翠	翠	翠	翠	翠
翠	翠				

柳

| 一 | 十 | 才 | 木 | 栌 | 木 |
| 栌 | 柳 | 柳 | | | |

鹭

丶		口	口	呈	呈
足	趵	趵	跱	跱	路
路	路	鹭	鹭	鹭	鹭

青

| 一 | 二 | 丰 | 丰 | 丰 | 青 |
| 青 | 青 | | | | |

窗

| 丶 | 八 | 宀 | 宓 | 穸 | 穸 |
| 穷 | 窍 | 窍 | 窗 | 窗 | 窗 |

含

| 𠂇 | 人 | 人 | 今 | 今 | 含 |
| 含 | | | | | |

西

| 一 | 冂 | 丙 | 丙 | 西 | 西 |

岭

| 丨 | 山 | 山 | 山 | 屾 | 屾 |
| 岭 | 岭 | | | | |

秋

| 一 | 二 | 千 | 禾 | 禾 | 禾 |
| 禾 | 秒 | 秋 | | | |

泊

| 丶 | 丶 | 氵 | 氵 | 汩 | 泊 |
| 泊 | 泊 | | | | |

东

| 一 | 七 | 车 | 东 | 东 | |

吴

| 丶 | 口 | 口 | 早 | 呈 | 吴 |
| 吴 | | | | | |

船

| 丶 | 丿 | 丿 | 月 | 舟 | 舟 |
| 舟 | 舭 | 舭 | 船 | 船 | |

七、经典阅读

眼界要阔，遍历名山大川；度量要宏，熟读五经诸史。

——清·金缨《格言联璧》

释义：人要想眼界开阔，就要遍游名山大川；要想具有宽宏的气度，就要熟读《诗经》《尚书》《礼记》《周易》《春秋》等儒家经典和历朝历代的史书。对于一个人的成长，读万卷书和行万里路同样重要。

八、写作

读万卷书，行万里路。你游历过哪些地方？读过的什么书对你影响最大？请简单写一写"游历与阅读的重要性"。

15 忆江南[1] 三首·其一

[唐] 白居易

jiāng nán hǎo fēng jǐng jiù céng ān
江 南[2] 好,风 景 旧 曾 谙[3]。

rì chū jiāng huā hóng shèng huǒ chūn lái jiāng shuǐ lǜ rú lán
日 出 江 花[4] 红 胜 火,春 来 江 水 绿 如 蓝[5]。

néng bú yì jiāng nán
能 不 忆 江 南?

清·石涛《江南春蔼图》

一、注释

[1] **忆江南**:词牌名。又名"谢秋娘""望江南""梦江南""江南好"等。分单调、双调两体。单调五句二十七字,双调十句五十四字,每阙第二、四、五句押平声韵。忆:回想,记得,此处引申为怀念。

[2] **江南**：长江下游以南的地区，就是江苏、安徽两省的南部和浙江省的北部。汉代的江南指长江中游地区，主要是湖南和江西。

[3] **谙**：熟悉。

[4] **江花**：江边的花朵，一说是江中的浪花。

[5] **蓝**：蓝草，其叶可制青绿染料。

二、今译

江南是个好地方，那里的风景我曾经多么熟悉。

太阳升起时江边的红花比火焰还要红，春天来的时候一江碧水绿如蓝草浸染。

那么美的风景，怎么能不叫人怀念呢？

三、作者简介

白居易（772—846），字乐天，自号香山居士、醉吟先生，原籍太原，祖上迁居下邽，生于河南新郑，中唐著名诗人。他早年与元稹齐名，并称"元白"；晚年与刘禹锡唱和，并称"刘白"。其诗题材广泛，形式多样，语言平易通俗，对后世诗文影响深远。有《白氏长庆集》传世，代表作有《长恨歌》《卖炭翁》《琵琶行》《暮江吟》《大林寺桃花》等。

四、赏析

由于中原战乱，白居易在青少年时期曾随家人避乱江南，在苏杭二郡生活了七年。他人到中年，又先后到杭州和苏州担任刺史。后来他因为眼疾离任，回到洛阳。在年近古稀之时，他深深地眷念江南风光，情不自禁地写下了《忆江南》。

《忆江南》共有三首，这是第一首。白居易用几十个字来概括江南春景，表达了对江南的赞美和怀念之情。作者一开头就直截了当地说"江南好"，一个"好"字摄尽江南春色的种种佳处，直接表达他对江南的赞美。简单的三个字引发读者想知道为什么。第二句"风景旧曾谙"交代"江南好"不是传闻，而是自己曾在江南生活，熟悉那里的风景。那么，到底是什么样的江南风景给了作者如此好的印象呢？

第三、四句是作者对江南之"好"进行的形象化演绎。"日出江花红胜火"，意思是江南的花特别红，红得像火焰一样。一个"火"字，不仅带给我们强烈的视觉冲击，还带给我们强烈的温度感。"春来江水绿如蓝",意思是春天的江水真是太美了,清亮中泛绿,绿得比蓝草的青绿还要好看。这是春天的江水带给人们的愉悦和慰藉。这两句通过"红胜火"和"绿如蓝"异色相衬,渲染江花和江水红绿相映的明艳色彩,高度概括了江南的美好风光。结尾一句反问"能不忆江南?"既体现出作者对江南的无限怀念与赞叹,又形成一种悠远又深长的韵味。这样美好的地方,怎能不让人回忆呢?

这首词以"江南好"开篇,又以直抒深情作结。词中对江南美景的刻画寥寥几笔,却让人印象深刻,艺术概括力之强、意境之美可见一斑。

五、诵读指导

这首词是白居易对江南的追忆和怀念。朗读时,首句以夸赞、肯定的语气诵读;次句为原因,可以中速;三、四句以饱满的回忆的情绪、赞美的语气表达江南的美好;最后一句升调,强调"能",表达"如此美好的风光,怎能……"的意思,读出反问的语气。

江南/好,风景/旧/曾谙。

日出/江花/红胜火,春来/江水/绿如蓝。

能不/忆江南?

六、写汉字

胜

| 丿 | 刀 | 月 | 月 | 月 | 胖 |

| 胖 | 胖 | 胜 |

火

| 丶 | 丷 | 少 | 火 |

蓝

| 一 | 艹 | 艹 | 艹 | 艹 | 艹 |

| 艹 | 萨 | 萨 | 蓝 | 蓝 | 蓝 |

| 蓝 |

忆

| 丶 | 丷 | 忄 | 忆 |

七、经典阅读

骏马秋风冀北，杏花春雨江南。

——朱光潜《刚性美与柔性美》

释义：中国国土面积大，南北地域的不同也带来了南北风物的不同。北地的骏马、萧瑟的秋风与辽阔的天地，南方美丽的杏花、淅沥的春雨与绵柔的风光，呈现出一刚一柔的审美特点与文化性格。

八、写作

请反复诵读"经典阅读"中的语句和《忆江南三首·其一》，以同样的结构仿写。

16 渔歌子[1] 五首·其一

[唐] 张志和

xī sài shān　　qián bái lù　　fēi　　táo huā liú shuǐ　　guì yú　　féi
西塞山[2]前白鹭[3]飞，桃花流水[4]鳜鱼[5]肥。

qīng ruò lì　　lù suō yī　　xié fēng xì yǔ bù xū　　guī
青箬笠[6]，绿蓑衣[7]，斜风细雨不须[8]归。

宋·佚名《芦汀白鹭图》

一、注释

[1] **渔歌子**：词牌名，原为唐教坊曲名，始于张志和的《渔歌子》而得名。"子"即"曲子"的简称。正体单调二十七字，五句四平韵。

[2] **西塞山**：山名，在今浙江省湖州市西面。

[3] **白鹭**：鹭的一种，羽毛白色，腿很长，能涉水捕食鱼、虾等，也叫鹭鸶。

　[4]　**桃花流水**：桃花盛开的季节正是春水盛涨的时候，俗称桃花汛或桃花水。

　[5]　**鳜鱼**：体侧扁，背部隆起，黄绿色，全身有黑色斑点，口大，鳞片细小，性凶猛，吃鱼、虾等，生活在淡水中，肉质鲜美，是中国特产。有的地区叫花鲫鱼，江南地区又称其为桂鱼。

　[6]　**箬笠**：用竹篾、竹叶或者箬竹叶编织的斗笠。

　[7]　**蓑衣**：用草或棕毛制成的、披在身上的防雨工具。

　[8]　**不须**：不一定要。

二、今译

　　西塞山前，白鹭展翅飞翔，桃花盛开，春水初涨，正是鳜鱼肥美的时节。江岸渔夫头戴青色斗笠，身披绿色蓑衣，斜风拂面，细雨如丝，正好捕鱼，丝毫没有着急归家的意思。

三、作者简介

　　张志和（732—774），字子同，初名龟龄，号玄真子，婺州金华（今浙江金华）人，曾任翰林待诏，后弃官弃家，浪迹江湖，渔樵为乐，自称"烟波钓徒"。张志和的词保存下来的只有《渔歌子》（原题《渔父》）共五首。

四、赏析

　　这是一首暮春时节的即兴唱和词。农历三月，正是江南一带桃花盛开、春水初涨、鳜鱼肥美的时节。

　　词的首句"西塞山前白鹭飞"，先从远山落笔，用西塞山前自由来去、展翅飞翔的白鹭将我们的视线从远山带到近岸。"桃花流水鳜鱼肥"，春汛引发人的想象，似乎能看见两岸盛开的朵朵桃花和溪水中肥美的鳜鱼群。前两句词对环境进行整体勾勒，为下文渔翁捕鱼做铺垫。

　　后两句描写渔夫的情态。在这美不胜收的自然风光之中，春汛来了，渔夫当然不会闲着。"青箬笠，绿蓑衣，斜风细雨不须归"写的正是他们头戴斗笠、身穿蓑衣，在江南迷蒙的斜风细雨中捕鱼的情景。想要让他们回家避雨是不能够的，有谁愿意错过这春日里大自然最宝贵的馈赠呢？

　　词人在秀丽的水乡风光和理想化的渔人生活中，寄托了自己爱自由、爱自然的情怀。词中吸引人的不仅有一蓑风雨、忙碌的渔翁，还有江南桃花汛期间春江水涨、烟雨迷蒙的图景。他笔下的青山、渔舟、白鹭、桃红在雨中色泽鲜明但又显得柔和，气氛宁静但又充满活力。这既体现了词人的艺术匠心，也反映了他高远脱俗的意趣。

五、诵读指导

这首《渔歌子五首·其一》寓情于景，韵律轻快活泼，既表现了江南三月水乡的柔美，也反映了渔人冒雨劳动的快乐。朗读时，需要注意对自然景物描写的断句处理，也要能够表现词人的畅快情绪。

西塞/山前/白鹭飞，桃花/流水/鳜鱼肥。青箬笠，绿蓑衣，斜风/细雨/不须归。

六、写汉字

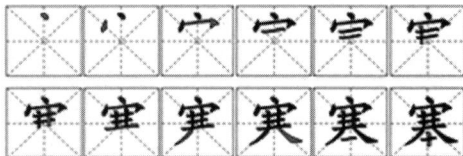

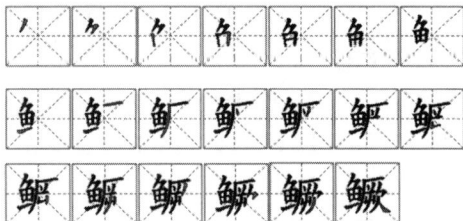

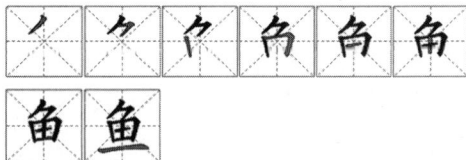

肥

| 丿 | 刀 | 月 | 月 | 肜 | 肞 |
| 肥 | 肥 | | | | |

箬

丿	𠂉	𠂉	竹	竹	竹
𥫗	𥫗	箬	箬	箬	箬
箬	箬				

斜

| 丿 | 人 | 𠂉 | 𠂉 | 午 | 余 |
| 余 | 余 | 余 | 余 | 斜 | |

细

| 𠃋 | 纟 | 纟 | 纠 | 幻 | 细 |
| 细 | 细 | | | | |

须

| 丿 | 彡 | 彡 | 彡 | 须 | 须 |
| 须 | 须 | 须 | | | |

七、经典阅读

三天打鱼，两天晒网。

——清·曹雪芹《红楼梦》第九回

释义：中国人用"三天打鱼，两天晒网"。也作"三日打鱼，两日晒网"。这句话形象地描述了做事不能坚持的人，劝诫大家不能这样做。近义词有"一曝十寒"，反义词为"锲而不舍"。

八、写作

请根据"经典阅读"中的语句，写一段读后感，谈谈你的做事态度。

清 明[1]

[唐] 杜牧

qīng míng shí jié yǔ fēn fēn
清 明 时 节 雨 纷 纷[2]，

lù shang xíng rén yù duàn hún
路 上 行 人 欲 断 魂[3]。

jiè wèn jiǔ jiā hé chù yǒu
借 问[4] 酒 家[5] 何 处[6] 有，

mù tóng yáo zhǐ xìng huā cūn
牧 童[7] 遥[8] 指 杏 花 村[9]。

宋·赵昌《写生杏花图》

一、注释

[1] **清明**：清明节。中国传统的节日，"二十四节气"之一。

[2] **纷纷**：（往下落的东西等）多而杂乱。这里形容雨滴飘落的样子。

[3] **欲断魂**：形容十分凄迷伤感，好像灵魂要与身体分开一样。

[4] **借问**：敬辞，用于向人打听事情，意思相当于"请问"。

[5] **酒家**：酒馆。现多用于饭馆名称。

[6] **何处**：哪里。

[7] **牧童**：放牛或放羊的孩子。

[8] **遥**：遥远。

[9] **杏花村**：杏花深处的村庄。

二、今译

清明节这天细雨纷纷，

路上行人失魂落魄。

向人询问哪里有酒家，

牧童指了指远处的杏花村。

三、作者简介

杜牧（803—852），字牧之，号樊川，京兆万年（今陕西西安）人，晚唐杰出诗人、散文家，与李商隐齐名，合称"小李杜"。其诗风流俊爽，情致豪迈。有《樊川文集》传世，代表作有《清明》《山行》《泊秦淮》《江南春》《赤壁》《题乌江亭》等。

四、赏析

清明节是中国传统的"二十四节气"之一，也是中国重要的传统春祭节日，兼具自然与人文两大内涵。民间习惯在这天扫墓祭祖、踏青郊游。杜牧这首诗通过描写清明时节"路上行人"孤身在外恰逢春雨的情景，抒发在这个肃穆的日子里淡淡的哀戚，以及偶遇牧童所呈现出的生机和活力。

诗歌开篇直接点题，"清明时节雨纷纷"，交代时间、环境，简洁明了。其中"雨纷纷"写出了春雨的特点，连续不断，纷纷扬扬，迷迷蒙蒙。第二句"路上行人欲断魂"直接表达出"路上行人"的情感。清明节祭祖，心情难免惆怅低落。恰逢细雨纷飞，更会引发无限情思，神魂散乱。"行人"孤身冒雨赶路，触景伤怀，心中自然多一分哀愁。这种情绪怎样舒缓呢？

很明显，"行人"想借酒浇愁。于是诗从第二句自然过渡到第三句"借问酒家何处有？"。最后一句"牧童遥指杏花村"是对第三句的回答，也最妙。这里的杏花村可能是实名"杏花村"，也可能是开满杏花的村庄。而牧童和杏花村的出现，表现出了生机和活力。

全诗以浅显晓畅的文字营造出特别浓郁的清明氛围，意象清新。它是中国最典型、最鲜明的清明印象，以至于一到清明，我们会不由自主地想到它。

五、诵读指导

充分理解《清明》所要表达的情感。诵读时，语速稍缓，注意节奏的把控，让自如流畅的节奏感在第一、二句带出淡淡的凄迷哀伤的意境，在第三、四句读出一个春和景明的清明。

清明时节/雨/纷纷，

路上行人/欲/断魂。

借问/酒家/何处有，

牧童/遥指/杏花村。

六、写汉字

清

丶	丶	氵	氵	汀	汢
浐	清	清	清	清	

时

丨	冂	日	日	旪	时
时					

纷

㇛	纟	纟	纟	纠	纷
纷					

断

丶	⺍	㳋	米	米	米
籼	断	断	断	断	

魂

一	二	云	云	云	云
动	动	㿟	魂	魂	魂
魂					

酒

丶	冫	氵	沪	沪	沪
洏	洒	酒	酒		

何

ノ	亻	亻	佢	何	佰
何					

牧

丶	㇒	牛	牛	牛	牛
牜	牧				

童

丶	二	立	立	立	产
咅	咅	音	童	童	童

指

一	丁	扌	扌	扯	扗
指	指	指			

杏

杏

七、经典阅读

父母呼，应勿缓；父母命，行勿懒。

——清·李毓秀《弟子规》

释义：当我们的父母叫我们的时候，我们应该及时、积极地回应，不能慢吞吞地回答，更不能表现出爱搭不理的态度。当我们的父母让我们去做某件事的时候，我们应该立马去做，并且保质保量地完成，不能拖延时间，更不能不去做。这是做子女的准则。

八、写作

请根据"经典阅读"中的语句，写一段读后感。

18 回乡偶书[1] 二首·其一

[唐] 贺知章

shào xiǎo lí jiā lǎo dà huí
少 小 离 家 老 大 回 ，

xiāng yīn wú gǎi bìn máo cuī
乡 音 无[2] 改 鬓 毛 衰[3] 。

ér tóng xiāng jiàn bù xiāng shí
儿 童 相 见[4] 不 相 识 ，

xiào wèn kè cóng hé chù lái
笑 问[5] 客 从 何 处 来 。

明·文徵明《桃源问津图》（局部）

一、注释

[1] 偶书：随便写的诗。偶：说明诗写得很偶然，是根据随时所见所感写下的。

[2] 无：没有。

[3] 衰：疏落，指头发白了、少了。为了押韵，这里可按古音读"cuī"。

[4] 相见：即看见我。

[5] 笑问：一作"却问"，一作"借问"。

二、今译

少年时离开家乡，到老了才回来，

口音没有改变，双鬓却已疏落斑白了。

儿童们看见了，都不认识我了，

他们笑着问我是从哪里来的。

三、作者简介

贺知章（约659—744），字季真，晚年自号"四明狂客""秘书外监"，唐代诗人、书法家，越州永兴（今浙江萧山）人。他个性狂放，与张若虚、张旭、包融并称"吴中四士"。其诗文以绝句见长，写景、抒怀之作风格独特，清新潇洒，构思新奇，饶有趣味。代表作有《咏柳》《回乡偶书二首》《相和歌辞·采莲曲》等。

四、赏析

这是一首感怀诗，感叹人生易老，世事沧桑。诗人37岁离开家乡，一直在外做官，直到85岁才回到家乡。此时距离他离乡已经近五十个年头了。因此，当他回到家乡后，被"儿童"当作"客"人，一点也不奇怪。这样的场景入诗，画面感极强。

"少小离家老大回，乡音无改鬓毛衰。"诗人置身于故乡既熟悉又陌生的环境中，心情颇不平静，感叹自小离家年老方回，已经人老鬓白。"老大"，是指年龄很大。"乡音无改"，说明离开家乡几十年口音没有改变。"鬓毛衰"，是指头发稀稀疏疏，几乎都变白了。诗人离开家乡的时候是30多岁，已经成年，不算"少小"，但放到诗中，与"老大"对照，并不显得违和。这两句看似描写轻松平淡的场面，实则暗含诗人的无限感伤。诗人以不变的"乡音"映衬变化了的"鬓毛"，从而为下两句儿童因不相识而发问做铺垫。

"儿童相见不相识，笑问客从何处来。"这样的场面令人意外却又不意外。儿童的"不相识"突出诗人离家之久；"笑问客从何处来"本是戏剧性的儿童笑问场景，却引发了诗人内心的感慨。一个"笑"字，既是儿童在笑着问，也是诗人于年老之际回到故乡由衷的温情流露。就整首诗而言，最后这两句是传神之笔。在儿童，这是淡淡的一问，言尽而意止；在诗人，却引出了人生易老、世事沧桑的感慨。

这首《回乡偶书二首·其一》写得十分生活化，仿佛一个生活场景的真实再现。

全诗在"笑问客从何处来"这样的有问无答处悄然作结，而弦外之音却如空谷传响，久久不绝，道出了所有游子的共同心声，激起人们的心灵震撼和情感共鸣。

五、诵读指导

充分理解《回乡偶书二首·其一》所要表达的人生易老、世事沧桑之感慨。诵读时，在以下斜线处稍作停顿，语速平缓，在抑扬顿挫中读出诗人淡淡的伤感；最后两句，可作较为温情、温馨的处理。

少小/离家/老大回，

乡音/无改/鬓毛衰。

儿童/相见/不相识，

笑问/客从/何处来。

六、写汉字

偶

丿	亻	亻	俨	俨	但
俱	偶	偶	偶	偶	

章

、	二	立	立	产	产
音	音	音	章	章	

音

、	亠	产	立	立	音
音	音	音			

改

乛	己	已	己	改	改
改					

衰

、	亠	亠	亩	亩	亩
亩	亩	衰	衰		

笑

丿	卜	竹	竹	竹	竹
竿	竿	笑	笑		

客

七、经典阅读

少壮不努力，老大徒伤悲。

——汉乐府《长歌行》

释义：如果在年轻力壮的时候不发奋努力，到年岁大了，悲伤难过也没有用了。意在提醒青年人珍惜时间，鼓励青年人及时立志向上。年少时如果不珍惜时间，不努力向上，到老就只能徒留悔恨与悲伤了。

八、写作

请根据"经典阅读"中的语句，写一段读后感。

咏 柳

[唐] 贺知章

bì yù zhuāng chéng yí shù gāo
碧玉[1] 妆 成 一 树[2] 高,

wàn tiáo chuí xià lù sī tāo
万 条 垂 下 绿 丝 绦[3]。

bù zhī xì yè shéi cái chū
不 知 细 叶 谁 裁[4] 出,

èr yuè chūn fēng sì jiǎn dāo
二 月 春 风 似 剪 刀。

元·盛昌年《柳燕图》

一、注释

[1] **碧玉**：碧绿色的玉。这里用来比喻嫩绿的柳叶如碧绿色的玉。

[2] **一树**：满树。一：整个，全。

[3] **丝绦**：用丝编织成的带子。这里形容像丝带般的柳条。

[4] **裁**：裁剪。

二、今译

一棵好像用碧玉装扮起来的柳树，

千万柳条都像绿色的丝带般低垂着。

不知道这细细的柳叶由谁裁剪出来，

原来二月的春风就像把神奇的剪刀。

三、作者简介

贺知章（约659—744），字季真，晚年自号"四明狂客"，越州永兴（今浙江萧山）人，盛唐著名诗人、书法家。他个性狂放，与张旭、包融、张若虚合称"吴中四士"。其诗文以绝句见长，写景、抒怀之作风格独特，清新潇洒，构思新奇，饶有趣味。代表作有《咏柳》《回乡偶书二首》《相和歌辞·采莲曲》等。

四、赏析

这是一首咏物诗，描写了早春二月杨柳的迷人姿态。

首句"碧玉妆成一树高"写柳树的全貌。"碧玉"这个意象温润优美，是古代诗词中常见的意象，用来形容年轻貌美的女子。这一句诗的意思是，柳树好像妙龄美女一样，亭亭玉立，婀娜多姿。"一树高"则写出了柳树的高挑、婷婷袅袅的风姿。接着，第二句"万条垂下绿丝绦"写柳树的柳枝、柳叶。"丝绦"指的是裙带。诗人把这万条垂柳比作美丽的女子身上飘动的裙带。一个"垂"字，写出了杨柳如绿色丝带般在风中款款摇摆的飘逸姿态。

后两句诗人以自问自答的方式，由柳树巧妙过渡到春风。"不知细叶谁裁出"这样看似幼稚天真的问题，却是诗人人生快乐、性格率真的体现，显得俏皮可爱，从而引出"二月春风似剪刀"。在诗人看来，二月里的春风好比一把小巧灵便的剪刀，将这千万条绿丝绦裁剪成了灵动的小柳叶。这一问一答间，真是充满了童真、童趣、童心！

　　这首诗轻快而富有童趣，词语简单，造景深妙。由"碧玉妆成"引出"绿丝绦"，由"绿丝绦"进而引出"谁裁出"，最后得出"二月春风似剪刀"。诗的前两句颇具文人气质，后两句则洋溢着民间歌谣般的率真与活泼。诗人构思巧妙，想象丰富，以柳树颂扬春的活力，可谓独出心裁。

五、诵读指导

　　充分理解《咏柳》所表达的春带给柳树的美和春风杨柳的活力。诵读时，前两句以适中的节奏和语气表现柳树的美感，第三句以升调读出疑问的语气，"二月春风似剪刀"读出惊喜发现后的愉悦感。

　　碧玉/妆成/一树高，

　　万条/垂下/绿丝绦。

　　不知/细叶/谁裁出，

　　二月/春风/似剪刀。

六、写汉字

碧

玉

妆

成

树

一	十	才	木	朾	权	杈

树	树

条

丿	夂	夂	冬	条	条

条

垂

丿	二	千	手	垂	丣

垂	垂

丝

乡	纟	纟	丝	丝

绦

丿	纟	纟	纟	纱	纹

绦	绦	绦	绦

裁

一	十	土	圥	圭	声	表

表	表	裁	裁	裁

似

丿	亻	亻	似	似	似

剪

丶	丷	亠	前	前	前

前	前	前	剪	剪

七、经典阅读

良言一句三冬暖，恶语伤人六月寒。

——《增广贤文》

释义：语言是很有力量的，运用在不同的情境所产生的效果是不同的。在别人处于困境时，一句积极、善意的话语能让人感到温暖，得到鼓励和信心；一句消极、恶意的话语会让人感到心寒，失去动力和信心。

八、写作

请根据"经典阅读"中的语句，写一段读后感，说说你对语言的理解。

题都城[1]南庄

[唐] 崔护

qù nián jīn rì cǐ mén zhōng
去 年 今 日 此[2] 门 中 ，

rén miàn táo huā xiāng yìng hóng
人 面[3] 桃 花[4] 相 映[5] 红 。

rén miàn bù zhī hé chù qù
人 面 不 知 何 处[6] 去 ，

táo huā yī jiù xiào chūn fēng
桃 花 依 旧[7] 笑[8] 春 风[9] 。

明·张纪《人面桃花图》

一、注释

[1] 都城：长安。

[2] 此：这；这个。指示代词。

[3] 人面：人的脸，这里指一位姑娘的脸。下一句"人面"代指姑娘。

[4] 桃花：桃树开的花。

[5] 映：因光线照射而显出物体的形象。

[6] 何处：什么地方，哪里。

[7] 依旧：依然；像从前一样。副词。

[8] 笑：此处形容桃花盛开的样子。

[9] 春风：春天的风。

二、今译

去年的今日在这院门里，

姑娘美丽的脸庞和绯红的桃花相互映衬。

如今姑娘已经不知去了哪儿，

只有桃花依旧在春风里盛开。

三、作者简介

崔护（772—846），字殷功，博陵（今河北定州）人。其诗风精练婉丽，语言清新。代表作有《题都城南庄》《山鸡舞石镜》《五月水边柳》等。《全唐诗》记载崔护诗作六首，尤以《题都城南庄》流传最广。

四、赏析

《提都城南庄》是一首颇富传奇色彩的诗。诗人利用时间的推移，以"人面""桃花"为线索，通过同在"此门"中，"去年"和今年呈现两种不同的情景，表达作者对物是人非的深深感慨，以及对过往美好生活不可复得的依恋之情。四句诗包含一前一后两个场景相同、相互映照的场面。

第一个场面：寻春遇美。"去年今日此门中，人面桃花相映红。"交代了时间、地点、人物、环境。通过"人面""桃花"的设置，映衬出姑娘的光彩照人，并且含蓄地表现了诗人被姑娘的美貌吸引，以及双方含情脉脉但未通言语的情景。这两句诗虽然并未交代具体细节，却激发起读者对二人初见情景的想象。

第二个场面：再寻不遇。"人面不知何处去，桃花依旧笑春风。"仍然是那个季节、那个日子、那个门户，使这一切都增光添彩的"人面"却不知道去了哪儿，只留下一树桃花仍旧在春风中开放。"依旧"二字含有无限的怅惘和感慨，含笑的桃花勾起了诗人对往事的美好回忆。

这首七言绝句简简单单，寥寥二十八个字，没有典故，也没有难懂的字句，却因为其真实性和唯美性流传千古。

五、诵读指导

诗人通过对比，简洁地表达了两次不同的境遇和感慨。诵读时，可以通过放慢语速，以温润的语气，抑扬顿挫地将作者对去年往事的回忆和今年寻而不得的感慨、依恋表现出来。

去年/今日/此门中，

人面/桃花/相映红。

人面/不知/何处去，

桃花/依旧/笑春风。

六、写汉字

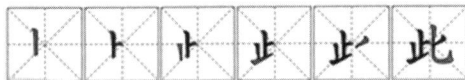

七、经典阅读

路在人走，事在人为。

——谚语

释义：路是人走出来的，成功的事情是人做出来的。在一定条件下，事情的好或坏很大程度在于人的主观意愿。只要愿意努力，就有希望实现自己的目标。

八、写作

请根据"经典阅读"中的语句，写一段读后感。

21

江 南

jiāng nán kě　　cǎi lián
江南可[1]采莲[2]，

lián yè hé　　tián tián
莲叶何[3]田田[4]，

yú xì　　lián yè jiān
鱼戏[5]莲叶间[6]。

yú xì lián yè dōng
鱼戏莲叶东，

yú xì lián yè xī
鱼戏莲叶西，

yú xì lián yè nán
鱼戏莲叶南，

yú xì lián yè běi
鱼戏莲叶北。

清·汪承霈《四时花卉册·花鱼》

一、注释

[1] **可**：适宜；正好可以。

[2] **采莲**：采摘莲蓬。

[3] **何**：多么。

[4] **田田**：荷叶饱满挺秀的样子，形容荷叶茂盛。

[5] **戏**：玩耍，游戏。

[6] **间**：在……中间；在一定的空间里。

二、今译

又到了江南适宜采莲的时节，

莲叶层层叠叠长得真茂盛啊！

鱼儿在莲叶间欢快地嬉戏着。

一会儿在莲叶的东边，

一会儿在莲叶的西边，

一会儿在莲叶的南边，

一会儿在莲叶的北边。

三、乐府简介

乐府原是汉代朝廷的音乐官署，它的主要任务是采集各地民间诗和乐曲。后世把这类民歌或文人模拟的作品也叫乐府。它搜集整理的诗歌，后世叫"乐府诗"，或简称"乐府"。它是继《诗经》《楚辞》而起的一种新诗体，开创了诗歌现实主义的新风，是古代民歌的又一次大汇集。这首《江南》就是一首乐府诗。

四、赏析

《江南》是一首乐府诗，歌唱江南劳动人民采莲时的愉快情景，格调明快轻松。全诗并未直接描写采莲人采莲时的动态和愉快心情，而是通过描绘采莲季节莲叶和鱼儿的交互，映衬出一幅明丽的劳动场景，将采莲人的欢乐之情充分表露出来，令读者有身临其境之感，内心也轻快明朗起来。

首句"江南可采莲"交代了采莲的地点和季节。在江南，夏季是采莲的季节。次句"莲叶何田田"描写莲叶的风致。荷塘里，碧绿的莲叶挺拔秀丽，无比繁茂，相连成片。第三句的描写从莲叶转向水里的鱼。一望无际的碧绿莲叶下，鱼儿自由欢快地戏耍，呈现出一派生机盎然的江南景象。"鱼戏莲叶间"在全诗中起着承上启下的作用，使上下相连，不着痕迹。

后四句"鱼戏莲叶东，鱼戏莲叶西，鱼戏莲叶南，鱼戏莲叶北"以古诗词里的复沓手法，只变化了东、西、南、北四个表示方位的词，描述鱼儿嬉戏的情景。这一组句子互相呼应、互相补充，形成完整的意思。这里的东、西、南、北空间方位语序，虽然在诗歌中不押韵，但非常符合先民在劳动生活和文明发展过程中的情感认知体验，以及审美与价值认知体验。

这首古乐府诗来自先民的淳朴生活，以简洁明快的语言、回旋反复的咏唱营造优美隽永的意境，呈现出清新活泼的格调，从而渲染气氛，深化主题，增强了诗歌的音乐性和节奏感。

需要强调的是，《江南》在《乐府诗集》里被列入《相和歌辞》。相和歌就是一人唱众人和。也就是说，《江南》的后四句可能是合唱。如此，后四句的重复在歌唱中像副歌一样，不仅非常必要，而且非常有情趣。我们从鱼儿戏耍的空间方位，可以联想采莲人划船采莲的方位。这种合唱生动地呈现了充满生机与希望的劳动场面。

五、诵读指导

全诗清新明快，寓情于景，景中寓人，如闻其声，如见其人，如临其境，令人感到美景如画，心旷神怡。朗读时，可以通过提高音调、加强节奏性以表现欢快、热闹的气氛。

江南/可采莲，

荷叶/何田田。

鱼戏/莲叶间。

鱼戏/莲叶东，

鱼戏/莲叶西，

鱼戏/莲叶南，

鱼戏/莲叶北。

六、写汉字

莲

| 一 | 艹 | 艹 | 芒 | 芒 | 芏 |
| 苲 | 苲 | 莲 | 莲 | | |

荷

| 一 | 艹 | 艹 | 艻 | 艻 | 艻 |
| 艻 | 荷 | 荷 | 荷 | | |

田

| 丨 | 冂 | 冂 | 田 | 田 |

戏

| フ | 又 | 又 | 戏 | 戏 | 戏 |

间

| 丶 | 丨 | 门 | 门 | 问 | 问 |
| 间 | | | | | |

北

| 一 | 十 | 才 | 北 | 北 |

七、经典阅读

一年之计在于春，
一日之计在于寅。
一家之计在于和，
一生之计在于勤。

——《增广贤文》

释义：全年的计划在春天里就应该安排好，一天的事情在早晨就应该安排好。一个家庭如果要幸福美满就应该和睦相处，一个人如果一生想有所作为就要勤奋努力。这几句强调应该抓紧时间，早做计划。

八、写作

请反复诵读《江南》和"经典阅读"中的语句，模仿其写作手法描写一段自然风光。

小 池

[宋] 杨万里

quán yǎn　　wú shēng xī　　xì liú
泉眼[1] 无声惜[2] 细流,

shù yīn zhào shuǐ　　ài qíng róu
树阴照水[3] 爱晴柔[4]。

xiǎo hé　　cái lù jiān jiān jiǎo
小荷[5] 才露尖尖角[6],

zǎo yǒu qīng tíng lì shàng tou
早有蜻蜓立上头[7]。

张大千、于非闇、王雪涛《荷塘清趣图》

一、注释

[1] **泉眼**：泉水的出口。

[2] **惜**：爱惜。

[3] **照水**：倒映在水里。

[4] **晴柔**：晴天里柔和的风光。

[5] **小荷**：刚刚长出水面的嫩荷叶。

[6] **尖尖角**：还没有舒展的嫩荷叶尖端。

[7] **上头**：上面；顶端。方位词。

二、今译

泉眼很爱惜地让细细的泉水悄然流出，

倒映水面的树阴喜欢晴天柔和的风光。

鲜嫩的小荷叶那尖尖的角刚露出水面，

就已经有可爱的蜻蜓落在它的上面了。

三、作者简介

杨万里（1127—1206），字廷秀，号诚斋，吉州吉水（今江西吉水）人，南宋著名诗人，与陆游、范成大、尤袤并称南宋"中兴四大诗人"。代表作有《小池》《晓出净慈寺送林子方》《桂源铺》《宿新市徐公店》等。

四、赏析

这是一首清新的诗。诗人细腻地描写了初夏小池周边的自然景物，宛如一幅彩墨画，画面层次丰富，画中有影影绰绰的小池、清亮的泉水、池边的树木、深绿的树荫、翠绿的小荷和鲜活的蜻蜓，富有情趣，生机盎然。

首句"泉眼无声惜细流"，从与小池相通的"泉眼"写起，写一股涓涓细流，流出时没有一丝声响。用一个"惜"字描写，好像泉眼很爱惜这股细流，舍不得让泉流奔涌而出，而是让它缓慢地一点一点流淌出来。第二句"树阴照水爱晴柔"，写水波轻柔，小池边的树婆娑弄影，倒映水面，似乎是因为喜爱这晴朗柔和的风光。这两句的"惜"和"爱"用了拟人手法，化无情为有情，富有人性，十分空灵地表现了小池有清凉的活水相通，有一抹绿荫相护。

第三、四句"小荷才露尖尖角,早有蜻蜓立上头"聚焦小池中的一枝小荷以及荷上的蜻蜓。新生的荷叶质地柔嫩,蜷缩成一个卷儿,两端形成了紧裹的"尖尖角"。诗人用"才露"和"早立"互相照应,生动地刻画出可爱的蜻蜓飞来立于尖尖荷叶上的情景,使得小池充满蓬勃生机。

杨万里擅长写景,尤其是瞬息变化中的景象。全诗语言平易,别有生趣,从"小"处着眼,所写的泉眼、细流、树阴、荷叶、蜻蜓都那么小、那么轻柔、那么可爱。它们共同构成了一幅清新自然而又充满生活情趣的生动画面。

五、诵读指导

《小池》把大自然中平常细小的事物写得相亲相依、流转明快、和谐一体,充满了诗情画意。诵读时,通过节奏感表现灵动明媚的风光和诗人对大自然的热爱之情,把握好"惜""爱""才露""早有"的处理。最后一句为了押韵,根据古诗文的发音,建议"头"字不读轻声。

泉眼/无声/惜/细流,

树阴/照水/爱/晴柔。

小荷/才露/尖尖角,

早有/蜻蜓/立上头。

六、写汉字

泉

丶	白	白	白	皁
泉	泉	泉		

眼

丨	冂	月	月	目	目
目	目	眼	眼	眼	

惜

丶	忄	忄	忄	忄
忄	忄	惜	惜	惜

阴

阝	阝	阴	阴	阴	阴

照

| 丨 | 冂 | 冂 | 日 | 明 | 昭 | 昭 |
| 昭 | 照 | 照 | 照 | 照 | 照 | |

爱

| 一 | 丶 | 爫 | 四 | 爫 | 丷 |
| 丷 | 爭 | 爱 | 爱 | | |

柔

| 一 | 予 | 予 | 予 | 矛 | 柔 |
| 柔 | 柔 | 柔 | | | |

露

一	一	一	币	雨	雨	雨
雨	雨	雪	雪	雪	雪	雪
露	露	露	露	露	露	露

尖

| 丨 | 小 | 小 | 尐 | 尖 | 尖 |

蜻

| 丶 | 口 | 口 | 中 | 虫 | 虫 |
| 虫 | 蚌 | 蚌 | 蚌 | 蜻 | 蜻 | 蜻 |

蜓

| 丶 | 口 | 口 | 中 | 虫 | 虫 |
| 虫 | 虫 | 蚒 | 蚒 | 蜓 | 蜓 |

立

| 丶 | 六 | 六 | 立 | 立 |

七、经典阅读

玉不琢，不成器。人不学，不知义。

——宋·王应麟《三字经》

100

释义：玉石如果不经过精心雕琢，就不能成为精美的玉器；人如果不经过努力学习，就不能明白为人处世的道理。这段话用"玉不琢，不成器"来作比喻，强调人必须不断学习、不断加强自我修养，才能成为知书达礼的有用之才。

八、写作

请根据"经典阅读"中的语句，写一段读后感。

山　行[1]

[唐] 杜牧

yuǎn shàng hán shān　　shí jìng xié
远 上 寒 山[2] 石 径 斜[3]，

bái yún shēng chù　　yǒu rén jiā
白 云 生 处[4] 有 人 家 。

tíng chē zuò　　ài fēng lín wǎn
停 车 坐[5] 爱 枫 林 晚[6]，

shuāng yè　　hóng yú èr yuè huā
霜 叶[7] 红 于 二 月 花 。

清 · 黄鼎《秋日山居轴》

一、注释

[1] **山行**：在山中行走。

[2] **寒山**：寒冷清寂的山。

[3] **斜**：倾斜，曲折。为了押韵，这里也可按古音读"xiá"。

[4] **生处**：形成的地方。生：形成。

[5] **坐**：因为。

[6] **晚**：傍晚。

[7] **霜叶**：被霜打过的树叶。

二、今译

沿着弯弯曲曲的山石小路上山，

山上白云飘浮的地方还有人家。

我停下马车只因爱那枫林晚景，

霜染的枫叶红过二月鲜艳的花。

三、作者简介

杜牧（803—852），字牧之，号樊川，京兆万年（今陕西西安）人，晚唐杰出诗人、散文家，与李商隐齐名，合称"小李杜"。其诗风流俊爽，情致豪迈。有《樊川文集》传世，代表作有《清明》《山行》《泊秦淮》《江南春》《赤壁》《题乌江亭》等。

四、赏析

这是一首秋色的赞歌，诗风健朗俊爽，诗意别开生面。诗人通过描写和赞美深秋山林的景色，抒发爱秋之情。

前两句描写秋山远景。"远上寒山石径斜"是静态的描写。"寒山"说明已是深秋之际。诗人远望秋山，面前有一条石阶小路，弯弯曲曲地一直延伸到大山深处。这里的"石径"为第二句"白云生处有人家"埋下伏笔，而第二句也让第一句的精妙落到了实处。山路尽头，白云飘浮的深山之中，仍然"有人家"。这"人家"让人联想到袅袅炊烟、鸡鸣犬吠，给深山中的秋景增添了生气。这句强调人家是在缥缈游动的云间。一个"生"字带动白云起落，与"远上寒山"形成动态对照，既保留了第一句的纵深感、神秘感，又因为白云的装点平添了几分仙气。

第三句"停车坐爱枫林晚"是诗人感情的直接表达，流露出诗人对秋天枫林晚景的钟爱之情。"石径""白云""人家"虽然美，但是这枫林晚景才真正打动了他，使得他停下来领略这山林风光。第四句"霜叶红于二月花"是全诗的文眼。深秋时节，霜愈重，枫叶色愈浓。此句着力写一片火红的枫叶分外艳丽，比早春二月的花还要红。表面看这是在比较红叶与红花，实际上是比较春意与秋意，比较诗人对春天与秋天的情感。

深秋对于很多诗人是个感伤的时节，但杜牧没有因为秋天而哀伤叹息，反而歌颂秋天的明丽，体现了诗人积极乐观的生活态度。全诗把秋天的景物写得情韵悠扬，极富生命力。

五、诵读指导

这是一首优美的景物诗。全诗情景交融，势如行云流水。诵读时，请带着明快畅达的心情、中等语速、欣赏的语气，根据诗意，在抑扬顿挫中表达诗人热爱自然美景的情感。

远上/寒山/石径斜，
白云/生处/有人家。
停车/坐爱/枫林晚，
霜叶/红于/二月花。

六、写汉字

远　　　石

一 二 テ 元 元 远 远

一 ナ 不 石 石

停
丿 亻 亻 亇 亇 停
停 停 停 停 停

枫
一 十 才 木 朾 机
枫 枫

林
一 十 才 木 木 村
村 林

晚
丨 冂 冂 日 日 日
日 日 日 晚 晚

七、经典阅读

书山有路勤为径，学海无涯苦作舟。

——唐·韩愈《古今贤文·劝学篇》

释义：如果你想要成功到达知识的山峰，勤奋就是那登顶的唯一路径；如果你想在无边无际的知识海洋里畅游，刻苦学习将是一艘前行的船，能够载你驶向成功的彼岸。在学习的道路上，没有捷径可走，也没有顺风船可驶，"勤奋"和"刻苦"是两个必不可少的条件。

八、写作

请根据"经典阅读"中的语句，写一段读后感。

秋词二首·其一

［唐］刘禹锡

明·项圣谟《孤山放鹤图》

zì gǔ féng　　qiū bēi　　jì liáo
自古逢[1]秋悲[2]寂寥[3]，

wǒ yán qiū rì shèng chūn zhāo
我 言 秋 日 胜 春 朝 [4]。

qíng kōng yí hè pái   yún shàng
晴 空 一 鹤 排 [5] 云 上 ，

biàn yǐn shī qíng dào bì xiāo
便 引 诗 情 到 碧 霄 [6]。

一、注释

[1] **逢**：遇到，遇见。

[2] **悲**：悲叹。

[3] **寂寥**：寂静；冷清。

[4] **春朝**：春天的早晨。

[5] **排**：推，推开。此处为冲破的意思。

[6] **碧霄**：碧蓝的天空。霄：天空。

二、今译

自古以来每逢秋天，大家都悲叹寂静萧条，

我却说秋天胜过春天。

晴朗的天空，一只白鹤冲破云层高高飞翔，

便引着我的诗情也飞上云霄。

三、作者简介

刘禹锡（772—842），字梦得，洛阳（今属河南）人，中唐著名诗人，诗风豪迈，有"诗豪"之称。他与柳宗元诗文唱答，并称"刘柳"；晚年与白居易酬唱，合称"刘白"。有《刘梦得文集》传世，代表作有《陋室铭》《竹枝词》《秋词二首》《乌衣巷》。

四、赏析

秋天，天气开始变冷，秋风一起，草木萧瑟，易生孤单寂寞、忧愁凄凉之感。因此，悲秋几乎已成为古诗词秋天题材的基本情感基调。然而，刘禹锡的诗却以优美的笔调，赞美了秋天的景色，尤其是那只直冲云天的白鹤，开阔了读者的视野，振奋人心。

诗人开篇即以议论起笔，"自古逢秋悲寂寥"，从古至今大家都说秋天萧条悲凉。继而断然否定前人悲秋的观念，表现出一种激越昂扬的诗情，"我言秋日胜春朝"中的"我言"说的是诗人的自信，"胜春朝"是诗人对于秋景最为充分的认可。这种认可，绝非仅仅一时的感性冲动，而是融入了诗人对秋天的更高层次的理性思考。

"晴空一鹤排云上，便引诗情到碧霄。"诗人抓住秋天"一鹤凌云"这一别致的景观描绘，展现出秋高气爽、万里晴空、白云飘浮的开阔景象。于是，诗人的诗情也像白鹤凌空一样，直冲云霄。虽然这鹤是孤独的，但是它所呈现出来的气势却是非凡的。"云"在这里象征着阻力与困难，有哲理的意蕴，也有艺术的魅力，耐人寻味。一个"排"字所蕴含的力量和深意就尽在不言中了。这两句所展现的，不仅仅是秋天的生机和高远澄明之美，更多的是一种高扬的气概。

刘禹锡能够把秋天写得这样美，这样超脱、昂扬、健康，跟他的"诗豪"性格有关。他乐观的人生态度、昂扬的斗志、不屈的精神，都在诗中呼之欲出。那只"鹤"载入碧霄的不仅有诗人的诗情，而且有他的精神。也许，那只白鹤就是他的精神化身。

五、诵读指导

这首《秋词二首·其一》于诗情中有豪情，表现出诗人开阔的胸襟。诵读时，应随着诗人的"诗情"，第一句以陈述的语气讲述"自古逢秋"的情况，第二句以宣讲的语气和语调读出"我"的观点，第三、四句以略激越的情感读出非同凡响、充满豪情的秋歌。

自古/逢秋/悲寂寥，

我言/秋日/胜春朝。

晴空/一鹤/排云上，

便引/诗情/到碧霄。

六、写汉字

古

| 一 | 十 | 十 | 古 | 古 |

悲

| 丨 | 刂 | 刂 | 刲 | 刲 | 非 |
| 非 | 非 | 非 | 悲 | 悲 | 悲 |

寂

| 丶 | 八 | 宀 | 宁 | 宁 | 宝 |
| 宇 | 守 | 宋 | 宋 | 寂 |

寥

| 丶 | 八 | 宀 | 宁 | 宁 | 宀 | 宀 |
| 宀 | 宀 | 穸 | 突 | 寏 | 寥 | 寥 |

朝

| 一 | 十 | 古 | 古 | 古 | 古 |
| 直 | 卓 | 朝 | 朝 | 朝 | 朝 |

鹤

| 丶 | 一 | 广 | 疒 | 疒 | 牢 | 牢 |
| 隺 | 隺 | 隺 | 隺 | 鹤 | 鹤 | 鹤 |
| 鹤 |

排

| 一 | 十 | 扌 | 扫 | 扫 | 扫 |
| 排 | 排 | 排 | 排 | 排 |

便

| 丿 | 亻 | 亻 | 仁 | 佰 | 佰 |
| 佰 | 便 | 便 |

诗

| 丶 | 讠 | 讠 | 订 | 诈 | 诖 |

| 诗 | 诗 |

情

| 丶 | ⺗ | 忄 | 忄 | 忄 | 忄 |

| 忄 | 忄 | 情 | 情 | 情 |

霄

| 一 | 宀 | 宀 | 乛 | 雨 | 雨 | 雨 |

| 霄 | 霄 | 霄 | 霄 | 霄 | 霄 | 霄 |

| 霄 |

七、经典阅读

合抱之木，生于毫末；

九层之台，起于累土；

千里之行，始于足下。

——春秋·老子《老子》第六十四章

释义：参天的大树是从很小的树苗开始生长的，非常高的高楼是从地面开始积累的，千里远的路程是从脚下第一步开始的。比喻事情的成功是一点一滴积累起来的。这些话告诉我们，什么事都要从点滴做起。只有打好基础，日积月累，经过不懈的努力，最终才能有所成就。

八、写作

请根据"经典阅读"中的语句，写一段读后感。

25 九月九日^[1]忆山东^[2]兄弟

[唐] 王维

dú zài yì xiāng　　wéi yì kè
独 在 异 乡^[3] 为 异 客，

měi féng jiā jié bèi sī qīn
每 逢 佳 节 倍 思 亲。

yáo zhī　　xiōng dì dēng gāo　　chù
遥 知^[4] 兄 弟 登 高^[5] 处，

biàn chā zhū yú　　shǎo yì rén
遍 插 茱 萸^[6] 少 一 人。

清·石涛《山水图册-7》

一、注释

[1] **九月九日**：指农历九月初九，重阳节。古时候认为九是阳极之数、至阳之数，因此农历九月初九的两个"九"在一起，就叫重阳。这一天对古人来说是一个非常特殊的节日。民间很看重这个节日。在这一天有登高、插茱萸、饮菊花酒等习俗，传说能以此消灾除病。

[2] **山东**：王维家迁居于蒲州（今山西永济），在函谷关与华山以东，所以称山东。

[3] **异乡**：他乡，外乡；外地（就作客的人而言）。

[4] **遥知**：遥想。

[5] **登高**：登上高处。古人有在九月初九重阳节这天登高的习俗。

[6] **茱萸**：一种芳香植物，又名越椒。古人有重阳节佩戴茱萸的习俗。

二、今译

我独自一人漂泊在他乡作客，

每到重阳佳节更加思念家乡亲人。

遥想故乡的兄弟们登高望远，

他们佩戴茱萸时，定会为少了我一人而惆怅。

三、作者简介

王维（约701—761），字摩诘，盛唐著名诗人，祖籍太原祁县（今山西祁县），其父迁居蒲州（今山西永济）。他是唐代山水田园诗派的代表人物，与孟浩然并称"王孟"。他精于诗文、音乐、绘画，尚佛，诗作意境高远，画意俱足，颇有禅趣，有"诗佛"之称。人们称赞他"诗中有画，画中有诗"。代表作有《使至塞上》《终南别业》《鹿柴》等。

四、赏析

这是诗人17岁时在长安写的一首诗。诗人通过写自己漂泊他乡、异地过节，引发对家乡亲人过节的想象，表达了自己身在异乡的孤独和对亲人的思念之情。

第一句"独在异乡为异客"，描述了诗人的处境，也奠定了全诗的基调。一个

"独"字和两个"异"字营造了诗人在外地强烈的漂泊感、生疏感、孤独感。在外越是孤独，诗人对家乡的思念之情就越是强烈。于是，"每逢佳节倍思亲"。每到佳节，就是家人团聚的日子。在九月初九这个特殊的日子里，诗人更是加倍思念自己的亲人。因为前面用了"独"和"异"，这里用"倍"字将思念成倍放大，真切地、毫不掩饰地道出了少年的乡愁。

"遥知兄弟登高处，遍插茱萸少一人。"这两句避实就虚，却又写得那么实、那么活灵活现。诗人由自己想到远方故乡的兄弟按照重阳节的风俗登高，每个人都插上茱萸，却突然意识到唯独少了"我"一个人，一定会因为少了"我"而失落吧，也一定在想念"我"。明明是自己思念兄弟们，却说兄弟们思念自己，似乎是自己远离家乡的境遇并不值得述说，反倒是兄弟们此时少了"我"的遗憾更值得体恤。这就使得全诗在朴素自然的用语中，意境曲折有致，出乎常情。而这种想象的延伸，看似平静，实则更显深情、更加真挚。

王维的这首诗，语言质朴直率而又如此凝练动人、情深意长。诗中，"每逢佳节倍思亲"是诗人情感的高度概括，抒发了异乡游子每到佳节良辰更加思念故乡亲人的心声，也是本诗流传千古的名句。

五、诵读指导

朗诵第一句时，语调可以偏低，语速平缓，强调"独"。第二句稍微升调读，强调"每""倍"，表达诗人对亲人的思念。第三、四句是诗人的遐想，可以稍微放慢节奏，根据诗意恰当联想，表现诗人远离家乡的孤单寂寞。

独在/异乡/为异客，

每逢/佳节/倍思亲。

遥知/兄弟/登高处，

遍插/茱萸/少一人。

六、写汉字

每

丿	乀	仁	匀	匃	每

每

佳

丿	亻	亻	仹	佳	佳

佳	佳

倍

丿	亻	亻	亻	仾	伫

倍	倍	倍	倍

亲

丶	亠	立	立	立	立

辛	亲	亲

弟

丶	丷	产	弟	弟	弟

弟

登

フ	㇇	癶	癶	癶	癶

癶	登	登	登	登	登

遍

丶	冖	冖	户	户	启

扁	扁	扁	遍	遍	遍

插

一	扌	扌	扩	扩	扞

扞	扞	扞	插	插	插

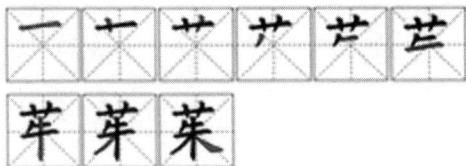

七、经典阅读

美不美，乡中水；亲不亲，故乡人。

——《增广贤文》

释义：故乡是一个人出生或长期居住过的地方，也叫"家乡""老家"。古今之人都十分眷恋自己的故乡。不管好不好，故乡的水总是最美的；不论是不是亲戚，故乡的人总是最亲的。我们长大后无论身处哪里，都无法忘怀故乡，因为那是我们生长的地方，那里有我们很多美好而永恒的回忆。

八、写作

请根据"经典阅读"中的语句，写一段读后感，谈谈自己对故乡的情感。

26 大林寺[1]桃花

[唐] 白居易

明·孙枝《玉洞桃花轴》

rén jiān   sì yuè fāng fēi   jìn
人间[2] 四月芳菲[3] 尽[4],

shān sì   táo huā shǐ   shèng kāi
山寺[5] 桃花始[6] 盛开。

长 恨 [7] 春 归 [8] 无 觅 [9] 处，
chánghèn　　chūn guī　　wú mì　　chù

不 知 [10] 转 [11] 入 此 中 [12] 来 。
bù zhī　　zhuǎn　　rù cǐ zhōng　　lái

一、注释

[1] **大林寺**：在庐山香炉峰，相传为晋代僧人昙诜所建，为中国佛教胜地之一。

[2] **人间**：庐山下的平地村落。

[3] **芳菲**：花草。这里指盛开的花，也可泛指花草艳盛的阳春景色。

[4] **尽**：花凋谢了。

[5] **山寺**：大林寺。

[6] **始**：才，刚刚。

[7] **长恨**：常常惋惜。

[8] **春归**：春天回去了。

[9] **觅**：寻找。

[10] **不知**：岂料，想不到。

[11] **转**：反。

[12] **此中**：这深山的寺庙里。

二、今译

人间四月平地上百花已凋零殆尽，

高山古寺中的桃花才刚刚盛开。

我常为春光逝去无处寻觅而惋惜，

却不知它反而转到这里来了。

三、作者简介

白居易（772—846），字乐天，自号香山居士、醉吟先生，中唐著名诗人，原籍太原，祖上迁居下邽，生于河南新郑。他早年与元稹齐名，并称"元白"；晚年与刘禹锡唱和，并称"刘白"，其诗题材广泛，形式多样，语言平易通俗，对后世诗文影响深远。有《白氏长庆集》传世，代表作有《长恨歌》《卖炭翁》《琵琶行》《暮江吟》《大林寺桃花》等。

四、赏析

《大林寺桃花》这首诗其实并非单独发表，而是藏在诗人的《游大林寺序》中。这首诗的写作时间为唐宪宗元和十二年（817）四月。在序中，白居易写自己和一群好友共 17 人游览庐山。当时山下已是初夏季节，山中却还是早春二月的景象。山里和山下如此不同，如同来到另一个神奇的世界，白居易于是随口吟了一首绝句，就是这首《大林寺桃花》。

"人间四月芳菲尽，山寺桃花始盛开。"诗人登山时，正属大地春归、芳菲落尽的时候。没曾想，在高山古寺之中又遇上了春景——一片刚刚盛开的桃花。诗人用对比手法表达山上山下春光的不同。

从"长恨春归无觅处"一句可以得知，诗人在登临大林寺之前，就曾为春光的匆匆归去而遗憾、伤感、恼恨，不知该到哪里去寻觅。最后一句给出了答案："不知转入此中来。"因此，当这一片春景映入眼帘时，该使人感到多么惊异和欣喜。原来自己曾因为惜春、恋春，以至于恼恨春去的无情，可谁知原来春并未归去，只不过像小孩子跟人捉迷藏一样，偷偷地躲到这个地方来了。

这首诗没有用艰深的词，写得通晓明快。诗人用桃花代替抽象的春光，写得具体可感，形象美丽；还把春光拟人化，写得仿佛有脚似的，可以转来转去。这样的描写生动具体，诗人如果没有清闲的生活状态，没有对春的热爱，是写不出来的。

五、诵读指导

这首诗把春光描写得生动具体。前两句讲四月春末，"人间"和"山寺"风光对比，诵读时语气平缓、语速适中即可，可强调"始"。在朗读第三、四句时，处理好"春归无觅处"到"转入此中来"的情感过渡。

人间／四月／芳菲尽，

山寺／桃花／始盛开。

长恨／春归／无觅处，

不知／转入／此中来。

六、写汉字

寺
| 一 | 十 | 士 | 寺 | 寺 | 寺 |

芳
| 一 | 十 | 艹 | 艹 | 芢 | 芳 |
| 芳 |

菲
| 一 | 十 | 艹 | 艹 | 艹 | 艹 |
| 芏 | 菲 | 菲 | 菲 | 菲 |

始
| く | 乄 | 女 | 如 | 妌 | 始 |
| 始 | 始 |

盛
| 一 | 厂 | 厅 | 成 | 成 | 成 |
| 成 | 成 | 盛 | 盛 | 盛 |

恨
| 丶 | 忄 | 忄 | 忄 | 忄 | 忄 |
| 恨 | 恨 | 恨 |

觅
| 丶 | 丶 | 丶 | 丏 | 丏 | 肙 |
| 肙 | 觅 |

转
| 一 | 土 | 车 | 车 | 车 | 车 |
| 转 | 转 |

七、经典阅读

山重水复疑无路，柳暗花明又一村。

——宋·陆游《游山西村》

119

释义：这是陆游描写山村风光的诗句，意思是：山峦重叠，水流曲折，正担心无路可走，忽见柳树浓绿，花朵明丽，一个村庄出现在眼前。这句话既写出了山西村的山环水绕、春光无限，又富有哲理，表现了人生变化发展的某种规律性，在困境中往往蕴含着希望，被后世用来形容已陷入绝境，忽又出现转机。

八、写作

请根据"经典阅读"中的语句，写一段读后感。

暮江吟[1]

[唐] 白居易

yí dào cán yáng　　pū shuǐ zhōng
一道残阳[2] 铺水中，

bàn jiāng sè sè　　bàn jiāng hóng
半江瑟瑟[3] 半江红。

kě lián　　jiǔ yuè chū sān yè
可怜[4] 九月初三夜，

lù sì zhēn zhū　　yuè sì gōng
露似真珠[5] 月似弓。

宋·马麟《夕阳秋色图》

一、注释

[1] **暮江吟**：用诗歌吟唱傍晚江上的景色。吟：古典诗歌的一种名称。

[2] **残阳**：快要落山的太阳。

[3] **瑟瑟**：碧绿的样子。

[4] **可怜**：可爱。

[5] **真珠**：珍珠。

二、今译

一道残阳映射在江面上，

半江碧绿半江艳红。

可爱的是那九月初三之夜，

露水如珍珠般晶莹，朗朗新月形如弯弓。

三、作者简介

白居易（772—846），字乐天，自号香山居士、醉吟先生，中唐著名诗人，原籍太原，祖上迁居下邽，生于河南新郑。他早年与元稹齐名，并称"元白"；晚年与刘禹锡唱和，并称"刘白"。其诗题材广泛，形式多样，语言平易通俗，对后世诗文影响深远。有《白氏长庆集》传世，代表作有《长恨歌》《卖炭翁》《琵琶行》《暮江吟》《大林寺桃花》等。

四、赏析

这是一首写景佳作。诗人选择自然界的两幅画面进行组接，构思精妙，营造出和谐宁静的意境，表达了诗人对大自然的喜爱与赞美之情。

"一道残阳铺水中，半江瑟瑟半江红。"诗的前两句写夕阳斜照下的江水。第一句，白居易用了一个"铺"字来写残阳，通过拟人手法，生动形象地写出了秋天夕阳的柔和，以及夕阳映照在水中的面积之宽广。"半江瑟瑟半江红"，夕阳映照下的江水呈现一片红色，而未被映照到的江水则是深深的碧绿色。诗人通过红与绿的对比，既写出了残阳照射下暮江的波光粼粼、光色瞬息变化的景象，也写出了自己心情的喜悦。

"可怜九月初三夜，露似真珠月似弓。"写新月初升的夜景。需要强调的是，这里的"可怜"是惹人爱怜、可爱的意思。意思是说，最可爱的是九月初三的夜晚，露水如珍珠一样明亮，新月像弯弓一般。从暮江到露水、新月，诗人一直沉醉于对美景的欣赏中，对所见景色有细腻而真切的感受。

这首《暮江吟》语句清丽流畅，格调清新。诗人用生动的比喻把景色写得细致动人，体现了诗人轻松愉快的心情和自由的心灵。

五、诵读指导

这首诗描写了傍晚江上景色，意境优美。诵读时，前两句请用舒缓的语气，细致处理"铺""瑟瑟"和"红"；后两句从"可怜"开始语气逐渐上扬，表达出诗人对大自然的喜爱之情。

一道残阳/铺水中，

半江瑟瑟/半江红。

可怜/九月初三夜，

露似真珠/月似弓。

六、写汉字

道　残　阳　铺

半

瑟

怜

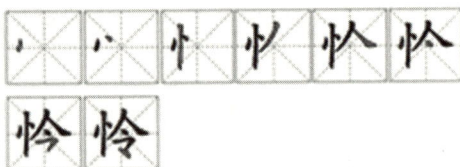

真

珠

弓

七、经典阅读

近朱者赤，近墨者黑。

————晋·傅玄《太子少傅箴》

释义：靠近朱砂易染成红色，靠近墨就会变黑。后来用以比喻接近好人就会使人变好，接近坏人就会使人变坏。指环境可以影响、改变人。生活环境和学习环境在很大程度上影响着孩子们的成长，因此很多人非常在意。比如，中国历史上就有"孟母三迁"这一著名的故事。

八、写作

请根据"经典阅读"中的语句，写一段读后感。

枫桥[1] 夜泊[2]

[唐] 张继

yuè luò wū tí shuāng mǎn tiān
月 落 乌 啼 霜 满 天，

jiāng fēng yú huǒ duì chóu mián
江 枫[3] 渔 火[4] 对 愁 眠。

gū sū chéng wài hán shān sì
姑 苏[5] 城 外 寒 山 寺[6]，

yè bàn zhōng shēng dào kè chuán
夜 半 钟 声 到 客 船。

清·顾仲泉《寒山寺名胜》

一、注释

[1] **枫桥**：在苏州城外的枫桥镇。

[2] **夜泊**：夜晚停船。

[3] **江枫**：江边的枫树。

[4] **渔火**：渔船上的灯火。

[5] **姑苏**：苏州的别称。

[6] **寒山寺**：在枫桥的东边。

二、今译

月亮西沉，乌鸦啼叫，霜色漫天，

面对江边的枫树与船上渔火，我满心愁绪难以入眠。

姑苏城外的寒山古寺寂寞清净，

半夜里敲钟的声音飘进了客船。

三、作者简介

张继（约715—779），字懿孙，襄州（今湖北襄阳）人，唐代著名诗人。其诗"不雕自饰""诗格清迥"（唐·高仲武《中兴间气集》卷下）。有《张祠部诗集》存世，其中最著名的就是《枫桥夜泊》。

四、赏析

诗题《枫桥夜泊》就是夜晚将客船停泊在枫桥边上。这首诗描写了诗人夜半时分泊舟枫桥的所见、所闻、所感，通过秋夜的寂寥冷清，表现了诗人独游在外的落寞和孤寂。

首句"月落乌啼霜满天"，以意象营造出凄清幽寂的气氛。这是一个没有月亮的夜晚，月亮落下去了，只有乌鸦在黑暗中阵阵啼叫。这还是一个"霜满天"的夜晚，寒霜一样的雾气在空中弥漫，黑暗、哀伤、寒冷。在这样的一个夜晚，诗人乘坐的客船停泊在了枫桥边上。此时此刻，他在想些什么呢？

次句写枫桥周围的景物和诗人自己的内心活动。"江枫渔火对愁眠"点明了诗人有愁思凝结。江边的这些枫树在黑暗中随风摇曳、沙沙作响，与渔船中的灯火相对。枫树、渔火虽然是暗夜中的一点亮色，但此时诗人心中愁郁淤积，难以入眠。

　　"姑苏城外寒山寺，夜半钟声到客船。"以动衬静。枫桥因寒山寺在诗意中多了历史文化的内涵，夜半钟声更是衬托出夜的寂静，也是整首诗意境的点睛之句，唤起的是这首诗整体的意境。在一个没有明月、乌鸦哀啼、霜寒满天的夜晚，孤独的渔火陪伴着未眠的诗人。这时传来寺庙里清朗悠长的钟声，将勾起诗人多少感伤和愁绪呢？

　　整首诗没有单纯停留在对环境的描写上，而是寓情于景，营造出情景交融的意境。诗人巧妙地将枫桥和寒山寺结合，相得益彰，诗歌极富诗意美和历史感。

五、诵读指导

　　这首诗描写江南水乡的秋夜，用寒山寺的钟声衬托秋夜的孤寂。诵读时，首句以平缓叙事的语气表达秋夜的景色；第二句情感饱满，表现情景交融下诗人的愁绪；第三、四句以动衬静，朗诵时注意表达出悠远的意境，体会余味无穷。

　　月落/乌啼/霜满天，

　　江枫/渔火/对愁眠。

　　姑苏城外/寒山寺，

　　夜半钟声/到客船。

六、写汉字

乌

| ノ | ㇇ | 乌 | 乌 |

满

| 丶 | 丶 | 氵 | 汀 | 汻 | 滞 | 洪 |
| 洪 | 満 | 满 | 满 | 满 | 满 | |

渔

| 丶 | 丶 | 氵 | 沪 | 沪 | 沪 |
| 沪 | 沦 | 渔 | 渔 | 渔 | |

对

| ㇇ | 又 | 又 | 对 | 对 |

愁

丶	二	千	禾	禾	禾	利

| 秒 | 秋 | 秋 | 愁 | 愁 | 愁 | |

姑

| 乚 | 乚 | 女 | 女 | 妙 | 妨 | |

| 姑 | 姑 | | | | | |

苏

| 一 | 十 | 艹 | 艻 | 芀 | 苏 | |

| 苏 | | | | | | |

城

| 一 | 十 | 土 | 圤 | 圹 | 坊 | |

| 城 | 城 | 城 | | | | |

外

| 丿 | ㄅ | 夕 | 列 | 外 | | |

钟

| 丿 | ㄅ | ㄅ | ㄅ | 钅 | 钅 | |

| 钔 | 钔 | 钟 | | | | |

七、经典阅读

己所不欲，勿施于人。

——《论语·卫灵公》

释义：自己所不愿意的，不要施加给别人。这句话提醒我们在与人交往时，要做到相互理解。世间万物都是平等的，做人要有宽容的心，才能获得世间更多的能量和帮助。

八、写作

请根据"经典阅读"中的语句，写一段文字谈谈你的看法。

29　如梦令[1]·常记溪亭日暮

[宋] 李清照

cháng jì xī tíng rì mù　　chén zuì　　bù zhī guī lù　　xìng jìn
常 记 溪 亭[2] 日 暮[3]，沉 醉[4] 不 知 归 路。兴 尽

wǎn huí zhōu　　wù rù　　ǒu huā　shēn chù　zhēng dù　　zhēng dù
晚 回 舟[5]，误 入[6] 藕 花[7] 深 处。争 渡[8]，争 渡，

jīng qǐ yì tān　　ōu lù
惊 起 一 滩[9] 鸥 鹭。

明·沈贞《采莲图》

一、注释

[1] 如梦令：词牌名。又名"忆仙姿""宴桃源""无梦令"。正体单调三十三字，
七句五仄韵、一叠韵。

[2] **溪亭**：临水的亭台。

[3] **日暮**：黄昏时候。

[4] **沉醉**：大醉。

[5] **回舟**：乘船而回。

[6] **误入**：不小心进入。

[7] **藕花**：荷花。

[8] **争渡**：奋力划船渡过。

[9] **一滩**：一群。

二、今译

我常常回忆日暮时分的溪亭，饮酒品茶，沉醉其中，流连忘返。玩到尽兴之后才乘舟返回，却迷途闯入荷花深处。划呀，划呀，惊起了一群鸥鹭。

三、作者简介

李清照（1084—约1155），号易安居士，齐州章丘（今山东济南章丘）人。两宋之际著名女词人，宋词婉约派代表作家之一。早期词作灵秀明快，感情真挚；后期经历变故，词作多悲叹家国身世，情调哀婉悲怆。其词善用白描，语言清丽，世称"易安体"；其诗感时咏史，情辞慷慨。有《漱玉词》行世。代表作有《声声慢·寻寻觅觅》《一剪梅·红藕香残玉簟秋》《夏日绝句》《武陵春·春晚》《如梦令·常记溪亭日暮》等。

四、赏析

这首《如梦令·常记溪亭日暮》写的是李清照少女时代的生活。一个夏日的傍晚，她与一群好友去溪亭游玩。

前四句写姑娘们陶醉于溪亭风光。首句"常记溪亭日暮"，"常记"明确表示追述，地点在"溪亭"，时间是"日暮"。一个"常"字表明这件往事给她留下了深刻的印象，因而时常引起她的回忆。第二句"沉醉不知归路"，她们喝醉了，已经到了不认识回家路途的程度。"沉醉"二字道出词人心底的欢愉，想必既有酒的因素，也有美景的醉人。"不知归路"也曲折传出词人流连忘返的情致。"兴尽晚回舟"，"晚"呼应前面的"日暮"，再次强调时间，说明少女们游玩快乐，直到尽兴了方才乘船而归。也许因为酒喝得太多了，也许被美景陶醉，也许因为天太晚她们心急，小船闯入了荷花深处。"误入藕花深处"一句行文流畅自然，同前面的"不知归路"相呼应，更显主人公的忘情心态。

"争渡，争渡，惊起一滩鸥鹭。"描写她们不小心进入荷花深处时的情景。日落后的湖面一片安静，小船陷于荷花丛中时，姑娘们慌乱起来，开始奋力划船，惊得荷花深处栖息的沙鸥、白鹭扑棱棱飞起来。一连两个"争渡"，表达了主人公急于从迷途中找寻出路时的焦灼心情。正是由于"争渡"，所以"惊起一滩鸥鹭"。小词写到这里，戛然而止，至于下文如何，就留待读者自己去想象了。

这首词的语言十分平易直白。词人用"常记""沉醉""兴尽""晚"等，把游赏的欢快心情表现得淋漓尽致；用"日暮""溪亭""藕花""鸥鹭"勾勒出盛夏的斑斓画面；又用"晚回舟""误入""争渡""惊起"等，在这画面中渲染出愉悦而局促的气氛。所有这些语言汇成了"常记溪亭日暮"的原因。这些浅淡自然、朴实无华的语言，只寥寥数语就勾勒出一幅荡舟晚游图，似乎一位活泼开朗、豪放洒脱的少女正从画面深处飘然走来，让人不由想随她一道沉醉不归，荷丛荡舟。

五、诵读指导

这首词是李清照少女时期的作品。彼时她才华横溢、活泼开朗、天真烂漫，甚至无所顾忌。诵读时，请用平和而略带欢愉的语气和节奏，表达词中明媚欢乐的气氛、青春少女的纯真美好和充满活力的情趣。

常记/溪亭/日暮，沉醉/不知/归路。兴尽/晚回舟，误入/藕花/深处。争渡，争渡，惊起/一滩/鸥鹭。

六、写汉字

记

| 、 | 讠 | 记 | 记 | 记 |

溪

| 、 | 丶 | 氵 | 氵 | 汐 | 沪 |
| 浐 | 浑 | 浑 | 淫 | 溪 | 溪 |
| 溪 |

沉

| 、 | 丶 | 氵 | 氵 | 沪 | 沪 |
| 沉 |

醉

一	厂	帀	丙	西	西
酉	酉	酉	酽	酽	酽
醉	醉	醉

误

| 、 | 讠 | 讠 | 讠 | 讠 | 讠 |
| 误 | 误 | 误 |

藕

一	十	艹	艹	艻	芋
葟	菥	莃	菥	莃	菥
藕	藕	藕	藕	藕	藕

深

| 、 | 丶 | 氵 | 氵 | 汅 | 汧 |
| 汧 | 涇 | 深 | 深 | 深 |

争

| ⺈ | 夕 | 夕 | 乌 | 刍 | 争 |

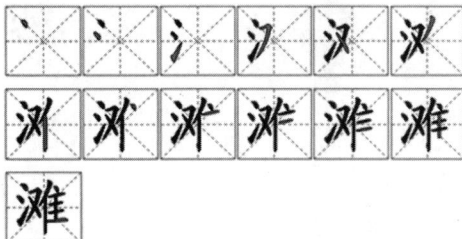

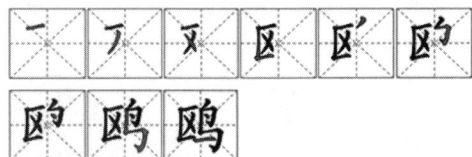

七、经典阅读

不经一番寒彻骨，怎得梅花扑鼻香。

——唐·黄檗禅师《上堂开示颂》

释义：如果没有经历过彻骨的寒冷，梅花就不会在开放时有那扑鼻的芳香。诗句被用来劝诫世人，要有梅花这样坚韧不拔、百折不挠的品质，最终才会有所收获。

梅花是中国传统花卉，与兰花、竹子、菊花一起被列为"四君子"，与松、竹并称为"岁寒三友"。梅花清雅俊逸、凌寒傲霜，代表着奋发向上、不屈不挠、坚忍不拔的精神品质，高洁坚强的气节和谦虚的品格，也象征着坚贞不渝的爱情。古往今来，无数人赞美梅花的品格。

八、写作

请根据"经典阅读"中的语句，用自己的语言描绘词中的场景。

天净沙[1] · 秋思

[元] 马致远

<ruby>枯<rt>kū</rt></ruby> <ruby>藤<rt>téng</rt></ruby>[2] <ruby>老<rt>lǎo</rt></ruby> <ruby>树<rt>shù</rt></ruby> <ruby>昏<rt>hūn</rt></ruby> <ruby>鸦<rt>yā</rt></ruby>[3]，<ruby>小<rt>xiǎo</rt></ruby> <ruby>桥<rt>qiáo</rt></ruby> <ruby>流<rt>liú</rt></ruby> <ruby>水<rt>shuǐ</rt></ruby> <ruby>人<rt>rén</rt></ruby> <ruby>家<rt>jiā</rt></ruby>，<ruby>古<rt>gǔ</rt></ruby> <ruby>道<rt>dào</rt></ruby>[4] <ruby>西<rt>xī</rt></ruby> <ruby>风<rt>fēng</rt></ruby>[5] <ruby>瘦<rt>shòu</rt></ruby> <ruby>马<rt>mǎ</rt></ruby>。

<ruby>夕<rt>xī</rt></ruby> <ruby>阳<rt>yáng</rt></ruby> <ruby>西<rt>xī</rt></ruby> <ruby>下<rt>xià</rt></ruby>，<ruby>断<rt>duàn</rt></ruby> <ruby>肠<rt>cháng</rt></ruby>[6] <ruby>人<rt>rén</rt></ruby> <ruby>在<rt>zài</rt></ruby> <ruby>天<rt>tiān</rt></ruby> <ruby>涯<rt>yá</rt></ruby>[7]。

宋·佚名《溪山行旅图》

一、注释

[1] **天净沙**：曲牌名，又名"塞上秋"，属越调。正体单调二十八字，五句三平韵、两仄韵。以马致远《天净沙·秋思》最为著名。

[2] **枯藤**：枯萎的藤蔓。

[3] **昏鸦**：黄昏时归巢的乌鸦。

[4] **古道**：古老的驿道。

[5] **西风**：从西边刮来的风，特指秋风。

[6] **断肠**：形容悲伤到极点。

[7] **天涯**：极远的地方。

二、今译

　　黄昏时分，乌鸦落在枯藤缠绕的老树上哀叫。小桥流水边的人家升起袅袅炊烟。古老的驿道上一匹瘦马，迎着西风艰难前行。

　　夕阳落下，只有孤独的旅人漂泊在遥远的地方。

三、作者简介

　　马致远（1250—1321），号东篱，元大都（今北京，有异议）人。元代著名杂剧作家、散曲家，"元曲四大家"之一，有"曲状元"之美誉。因《天净沙·秋思》被称为"秋思之祖"。代表作有《天净沙·秋思》《寿阳曲·江天暮雪》《蟾宫曲·叹世二首》等。

四、赏析

　　《天净沙·秋思》是一篇悲秋的小令，描写深秋时节，时逢黄昏，羁旅漂泊之人寂寞悲凉的世界。

　　前三句为三组意象。第一组意象，"枯藤老树昏鸦"，由下往上排列。枯萎的藤蔓缠绕着老树，暮色中归巢的乌鸦歇于树上，发出一两声喑哑的鸣叫。在赶路的旅人眼里，这无疑是悲秋之景。第二组意象，"小桥流水人家"，由近到远排列。小桥、桥下流水和水边人家，整幅画面变得明亮温馨。这既是旅人在途中所见，又是其心之所向。这画面让他想起故乡，但那"故乡"终究只能供自己在千里之外怀想罢了。于是明亮的基调随着旅人心情的起伏又变得黯淡了，出现了第三组意象"古道西风瘦马"。在古老的驿道上，一个疲惫的旅人和一匹瘦马在西风中缓缓而行，由远到近。第一组和第三组意象中的六个景物——"藤""树""鸦"和"道""风""马"，对应前面的修饰词"枯""老""昏"和"古""西""瘦",合在一起点出了秋景的悲凉。第二组的意象温馨,貌似有些欣喜,与第一组和第三组形成一种反差。

最后一个意象"夕阳西下"把前面三组九个意象全部统摄过来,构成了一个时空统一的场面:飞鸟归林,一天结束了,漫漫古道上只剩一人,而旅人的路途却没有结束。这个意象将秋意衬得更浓,将失意抒发得更充分。所有这些意象里蕴含的情和灵魂最后迸发为"断肠人在天涯"。因为有断肠人这样的灵魂,前面的"小桥流水人家"才能变成一种反差背景,更凸显夕阳西下时,浪迹天涯的游子在古道上渐行渐远的背影、无从着落的身体与寄托,更烘托了悲秋的气氛。

这首《天净沙·秋思》看似随手写来,实则手法老到,大巧不工,语言尤其特别,融诗词和口语为一体,创造出这种体裁的独特意境。特别是当人出现的时候,所有的意象、所有的眼前景和心中情都达到了完美的统一。

五、诵读指导

这首小令生动地描写了天涯游子秋天的旅途。最后一句"断肠人在天涯"画龙点睛地托出主题,意味深长。诵读时,应注意节奏平稳、沉缓,多抑少扬,注意顿挫,语速偏慢,以此表达一个飘零天涯的游子的凄苦愁楚之情。

枯藤/老树/昏鸦,小桥/流水/人家,古道/西风/瘦马。

夕阳/西下,断肠人/在天涯。

六、写汉字

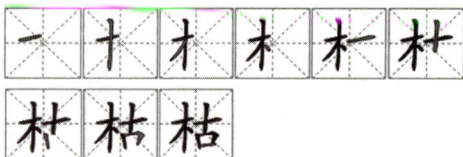

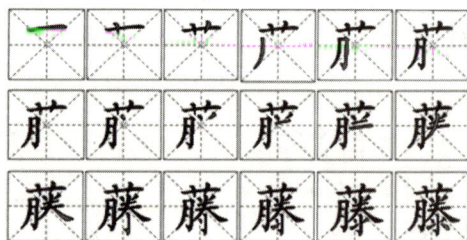

昏

一	厂	丆	氏	氏	昏
昏	昏				

鸦

一	二	于	牙	牙'	牙
牙	鸦	鸦			

桥

一	十	才	木	栌	栌
栌	枙	桥	桥		

瘦

丶	亠	广	广	疒	疒
疒	疒	疒	疸	疸	瘦
瘦	瘦				

肠

丿	刀	月	月	肋	肕
肠					

崖

丶	屮	屮	岸	芦	芦
厈	岸	崖	崖	崖	

七、经典阅读

老吾老，以及人之老；幼吾幼，以及人之幼。

——《孟子·梁惠王上》

释义：这句话充分体现出中国古代哲人所倡导的伟大仁爱精神。意思是，要孝敬自己家中的长辈，并推广到孝敬别人家的长辈；爱护自家的子女，并推广到爱护别人家的子女。孟子提倡孝敬老人，爱护子女，保护好社会的弱势群体，实践的方法就是推己及人，先从孝敬、爱护自己的家庭成员做起，然后推及别人的家庭乃至整个社会。如此一来，世界就会充满爱，世界就会变成美好的人间。

八、写作

请根据"经典阅读"中的语句和《天净沙·秋思》，仿写一段话或一首诗。

敕勒[1] 歌

31

chì lè chuān　　　　yīn shān　 xià
敕 勒 川 [2]，阴 山 [3] 下 。

tiān sì qióng lú　　lǒng gài sì yě
天 似 穹 庐 [4]，笼 盖 四 野 [5] 。

tiān cāng cāng　　　yě máng máng
天 苍 苍 [6]，野 茫 茫 [7]，

fēng chuī cǎo dī xiàn　　niú yáng
风 吹 草 低 见 [8] 牛 羊 。

五代十国·胡瓌《出猎图》

一、注释

[1] 敕勒：古代北方草原上的游牧民族，北齐时居住在朔州（山西北部）一带。

[2] 敕勒川：敕勒族居住的地方，在现在的山西、内蒙古一带。北魏时期把今河套平原至土默川一带称为"敕勒川"。

[3] 阴山：在今内蒙古自治区北部。

［4］**穹庐**：用毡布搭成的，毡帐，即蒙古包。

［5］**四野**：草原的四面八方。

［6］**天苍苍**：天蓝蓝的。

［7］**茫茫**：辽阔无边的样子。

［8］**见**：呈现；显露。同"现"。

二、今译

我们的家乡敕勒川，

就在那雄伟的阴山下。

天空像一个大大的毡房，

笼罩着四周的原野。

天空一碧如洗，大地辽阔无边，

一阵风吹过来，牧草低下了头，

显现出草地里成群肥硕的牛羊。

三、北朝民歌简介

北朝民歌的作者主要是鲜卑族人民，也有氐、羌、汉等族人民。歌词有的是用汉语，有的是用北方少数民族的语言，后被译为汉语。主要是北魏以后用汉语纪录的作品，传世的有六十多首，主要收录在《乐府诗集》中，以《敕勒歌》最为著名。歌词的主要内容，有的反映战争和北方人民的尚武精神（如《木兰诗》），有的反映人民的疾苦，有的反映婚姻爱情生活，有的描写北方特有的风光景色。这些民歌内容丰富，语言质朴，风格豪放，对唐代的诗歌发展有较大影响。

四、赏析

这首《敕勒川》选自《乐府诗集》，是南北朝时期黄河以北的北朝流传的一首民歌，描写了北方草原苍茫辽阔、富饶壮丽的风光，表达了游牧民族热爱家乡、热爱生活的豪情。

"敕勒川，阴山下。"诗歌一开头就以高亢的音调，吟咏出北方的自然特点。说的是敕勒川位于高耸入云、绵延千里的阴山脚下，将草原的背景衬托得非常雄伟，也简洁地交代了环境与位置。这简洁的六个字，格调雄阔豪放，呈现出强大的气势与力量。

"天似穹庐，笼盖四野。"这两句承接上面的背景而来，呈现出壮阔恢弘的画面。同时，抓住了这一民族生活的最典型的特征，以人们所熟悉的"穹庐"作比喻。这比喻不仅形象，而且极具地域色彩，让读者能感受到浓郁的草原风情。说天空好像蒙古包一样，中间高，四周低，从四面八方罩住了敕勒川，以此形容极目远望、天野相接的壮阔景象。

"天苍苍，野茫茫。"进一步写天空、写原野。作者运用叠词的形式，极力突出天空之苍阔辽远，原野之碧绿无垠、无边无际，突显游牧民族博大的胸襟、豪放的性格。"风吹草低见牛羊"是全文的神来之笔，更是写景如画，描绘出一幅牛羊肥壮、殷实富足、其乐融融的景象。这里呈现出的不仅是自然风物，还有隐约可见的牧民活动，真是似静而有动，似动而有静。这些牧人，即勇敢豪爽的敕勒人，给苍茫大地带来无限活力，带来美的意蕴。

这首诗歌具有鲜明的游牧民族色彩和浓郁的草原气息，从语言到意境可谓浑然天成。它语言朴素、浅近明快，意韵真淳，抒写酣畅淋漓，呈现的画面流动给人一种远近镜头的推拉感。

五、诵读指导

这首民歌描绘的是北方草原的辽阔壮美、敕勒族的生活环境和劳动场景。全诗境界开阔，语言明白如话，有很强的艺术概括力。诵读时，节奏根据内容适当变化，音调雄壮，声音要明亮高昂，语气要昂扬积极。

敕勒川，阴山下。

天/似穹庐，笼盖/四野。

天/苍苍，野/茫茫，

风吹草低/见牛羊。

敕

| 一 | 亠 | 亍 | 页 | 市 | 束 |

| 束 | 敕 | 敕 | 敕 | 敕 |

穹

| 丶 | 冖 | 宀 | 宁 | 宁 | 穷 |

| 穹 | 穹 |

笼

| 丿 | 𠂉 | 竺 | 竹 | 笁 | 竺 |

| 竺 | 笒 | 笼 | 笼 | 笼 |

野

| 丶 | 口 | 日 | 旦 | 甲 | 甲 |

| 里 | 野 | 野 | 野 | 野 |

茫

| 一 | 艹 | 艹 | 艹 | 艻 | 茫 |

| 艻 | 芝 | 茫 |

勒

| 一 | 十 | 艹 | 艹 | 艹 | 艹 |

| 苎 | 苎 | 革 | 勒 | 勒 |

庐

| 丶 | 亠 | 广 | 广 | 庐 | 庐 |

| 庐 |

盖

| 丶 | 丷 | 艹 | 兰 | 羊 | 羊 |

| 羊 | 盖 | 盖 | 盖 | 盖 |

苍

| 一 | 一 | 艹 | 艻 | 艻 | 苍 |

| 苍 |

吹

| 丨 | 口 | 口 | 叺 | 吹 | 吹 |

| 吹 |

牛

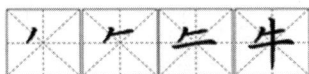

羊

七、经典阅读

知者不惑，仁者不忧，勇者不惧。

——《论语·子罕》

释义：有智慧的人不会迷惑，有仁德的人不会忧虑，勇敢的人不会畏惧。就人生学问之次序而言，"好学近乎知，力行近乎仁，知耻近乎勇"（《中庸》）。好学而知，就在知修身和治天下国家之道。知此而力行，落实仁道，就近乎仁。知耻于不若人，必勇于赶上而见贤思齐，不惧艰难险阻，方能善始善终。孔子希望自己的学生能具备这三德，成为真正的君子。

八、写作

请根据"经典阅读"中的语句，写一段读后感。

游子吟

[唐] 孟郊

清·康寿《孟母教子图》

cí mǔ shǒu zhōng xiàn
慈母[1] 手中线，

yóu zǐ shēn shang yī
游子[2] 身上衣。

临^[3] 行 密 密 缝^[4] ，
lín xíng mì mì féng

意 恐^[5] 迟 迟 归^[6] 。
yì kǒng chí chí guī

谁 言 寸 草^[7] 心^[8] ，
shéi yán cùn cǎo xīn

报 得 三 春^[9] 晖^[10] 。
bào dé sān chūn huī

一、注释

[1] **慈母**：慈祥、和善的母亲。这里指诗人自己的母亲。

[2] **游子**：离家在外或者久居外乡的人。

[3] **临**：临近；临到（某一行为发生的时间)；将要，快要。

[4] **密密缝**：缝得很密实。密：事物之间距离近；事物的不同部分之间空隙小。

[5] **意恐**：心里很担心。意：意态，神情；恐：恐怕，担心。

[6] **迟迟归**：回来得很晚，指母亲担心孩子难得回来。

[7] **寸草**：小草，这里比喻子女。

[8] **心**：语义双关，既指小草的嫩心，也指儿女像小草般细微的孝心。

[9] **三春**：旧称农历正月为孟春，二月为仲春，三月为季春，合称三春。

[10] **晖**：阳光，光辉。

二、今译

慈祥的母亲手里拿着针线，

为要远游的孩子赶制新衣。

临行前一针针密密地缝着，

就怕孩子迟迟都不能回来。

孩子的孝心就像小草的嫩心，

怎能报答春天的阳光呢？

三、作者简介

孟郊（751—814），字东野，湖州武康（今浙江德清）人，中唐著名诗人。孟郊诗作多写世态炎凉、民间苦难，与韩愈并称"韩孟"。后世又将他与贾岛并称"郊寒岛瘦"。有《孟东野集》存世，代表作有《游子吟》《登科后》等。

四、赏析

孟郊出生贫寒，一生坎坷，五十岁才当上溧阳县尉。生活安定后，他把母亲接到身边照顾，报答母亲的养育之恩。因为早年尝尽了世态炎凉、民间苦难，更懂得亲情珍贵，于是写出了这首歌颂母亲的诗。

诗歌前四句用白描手法，将母亲的形象刻画得栩栩如生、感人至深。"慈母手中线，游子身上衣。"这是细节切入。游子临行前，母亲在细密缝衣，唯恐儿子晚归衣服破损。两句引出两个人物"慈母"和"游子"，两样东西"衣"和"线"。"衣"和"线"本来没有特别的含义，但把它们放在诗歌语境中，跟"慈母"和"游子"相连，就成了表情达意的工具，用衣线相连象征母子骨肉相依。从"手中线"到"身上衣"，写出了平凡、伟大、无私的母爱的流淌。"临行密密缝，意恐迟迟归。"写慈母缝衣的动作、用心的做工和缝衣时的心情。这临行前的"密密缝"，缝的不仅是针脚，更在千针万线中缝进了母亲的牵挂和疼爱。"密密缝"的可能是夏装，可能是冬装，可能是秋衣，也可能是春衣。一年四季，母亲的爱在这个细节中显露无遗。

后两句"谁言寸草心，报得三春晖"是诗人感情的抒发，也是整首诗的升华，寄托了儿子对母亲的感恩之情。诗人用春天的小草难以报答三春阳光的温暖作比喻，用"谁言"反问，儿女像小草般的那点儿孝心，怎么能报答博大深厚的母爱呢？"谁言寸草心，报得三春晖。"如此形象的比喻，如此悬殊的对比，让人们产生强烈的共鸣，已经成为我们形容母爱、表达孩子对母亲的情感最经典的诗句。

该诗语言淳朴素淡，却极具穿透力，能穿越时代、穿越地域，撞击着每个游子的心，产生无穷的联想和共鸣，唤起天下人对母亲的眷眷之心。

五、诵读指导

这首诗通过细节描写，以母亲对子女的深情和子女对母亲的内疚两相对照，赞颂母爱的伟大。诗人想报答母亲的恩情却又力不从心，内心感慨，作了这首诗。朗读时要突出两种情感的冲突，注意处理反问句的语气。

慈母/手中线，

游子/身上衣。

临行/密密缝，

意恐/迟迟归。

谁言/寸草心，

报得/三春晖。

六、写汉字

慈

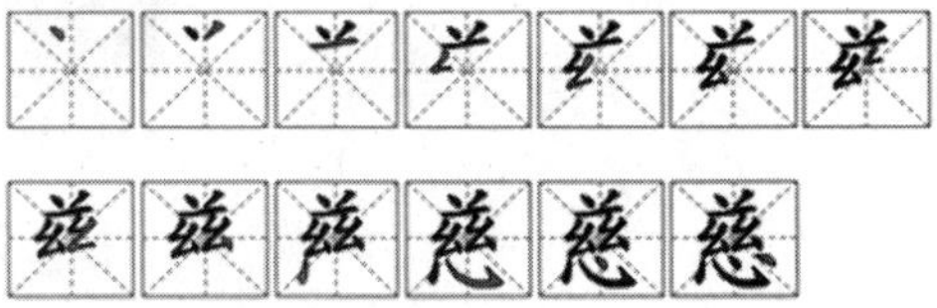

母

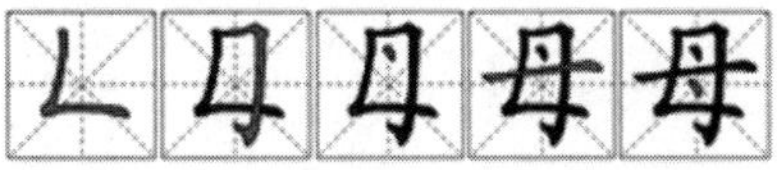

线

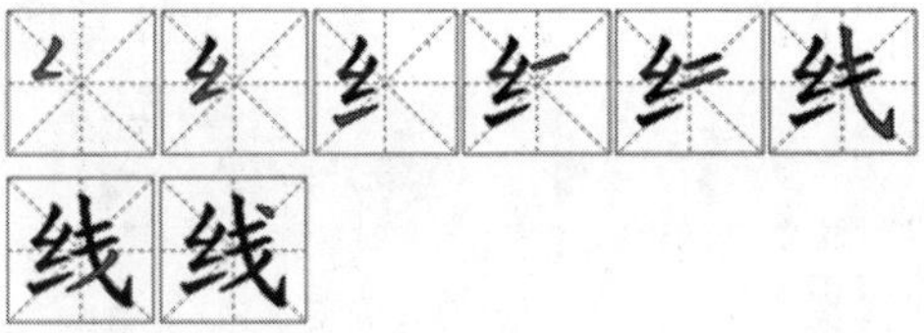

游

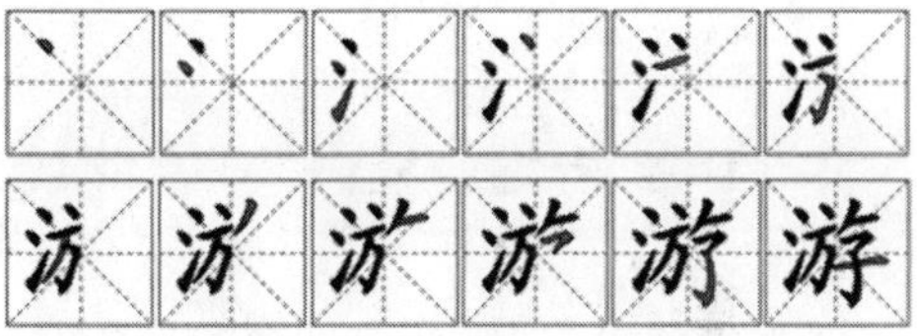

身

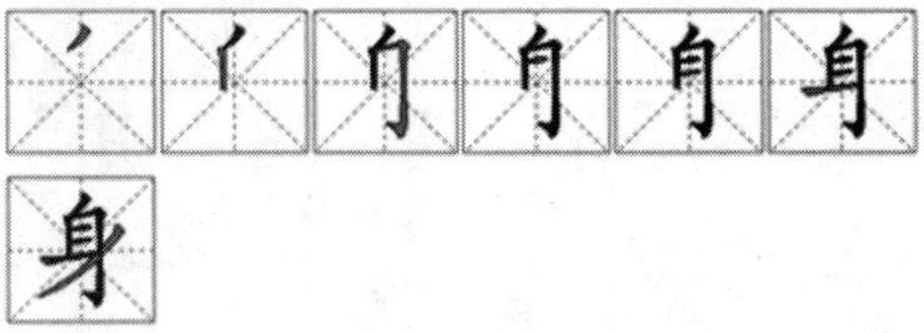

衣

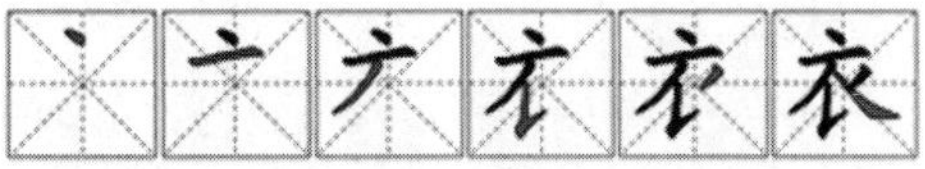

临

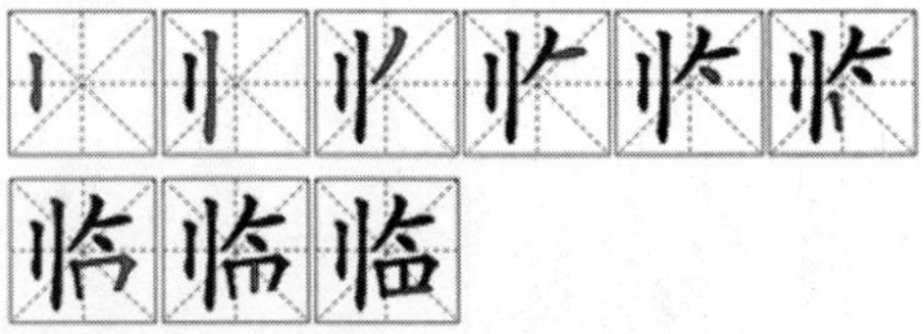

密

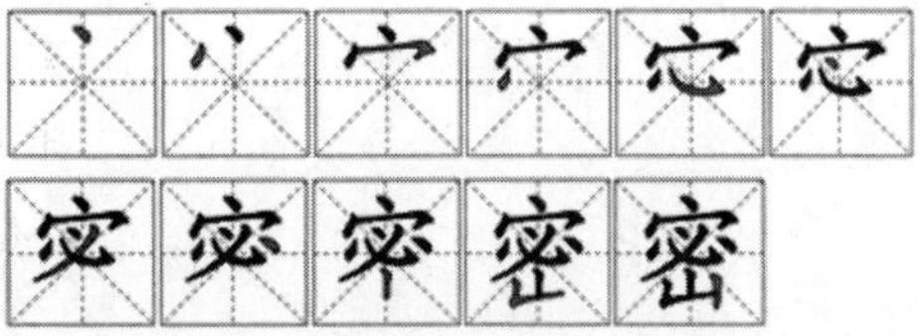

缝

纟	纟	纟	纟	纟	终	终
终	终	缝	缝	缝	缝	

意

、	亠	亠	亠	立	产
音	音	音	音	意	意
意					

迟

⁊	⊐	尸	尺	尺	识
迟					

寸

一	寸	寸

心

丶	心	心	心

报

一	寸	扌	扌	护	报
报					

得

丶	彳	彳	彳	彳	彳
彳	得	得	得	得	

晖

丨	冂	冂	日	旷	旷
旷	昨	晖	晖		

七、经典阅读

儿行千里母担忧。

——清·褚人获《隋唐演义》

148

释义："儿行千里母担忧"是一句汉语俗语，意思是：子女出远门在外，母亲心里总是牵挂不已。常用来形容母亲真挚深厚的爱。

八、写作

根据"经典阅读"中的语句，写一段读后感。

33 如梦令·昨夜雨疏[1]风骤[2]

[宋] 李清照

zuó yè yǔ shū fēng zhòu　　nóng shuì　　bù xiāo cán jiǔ　　　shì wèn juǎn lián
昨夜雨疏风骤，浓睡[3]不消残酒[4]。试问卷帘

rén　　　què dào hǎi táng yī jiù　　zhī fǒu　　　zhī fǒu　　yīng shì lù féi hóng
人[5]，却道海棠依旧。知否[6]？知否？应是绿肥红

shòu
瘦[7]！

宋·佚名《海棠蛱蝶图》

一、注释

[1] 疏：事物之间距离远，事物的各部分之间空隙大。此处意思是稀疏。

　　［2］**骤**：急速。

　　［3］**浓睡**：酣睡，熟睡。浓：程度深。

　　［4］**残酒**：余醉，没有消散的醉意。残：残余，剩余。

　　［5］**卷帘人**：指侍女。卷：把东西弯曲成圆筒状。

　　［6］**知否**：知道不知道？否：用于疑问句尾表示询问。

　　［7］**绿肥红瘦**：绿叶肥硕，红花凋零。一般用来形容暮春时节叶茂花稀的景象。

二、今译

　　昨天夜里雨点虽然稀疏，但是风吹得又急又猛，我酣睡一夜，醒来后依然觉得有一点酒意没有消尽。于是就问正在卷帘的侍女，外面的情况如何，她却说海棠花依旧如故。知道吗？知道吗？这个时节，应该是绿叶繁茂，红花凋零啊！

三、作者简介

　　李清照（1084—约1155），号易安居士，齐州章丘（今山东济南章丘）人。两宋之际著名女词人，宋词婉约派代表作家之一。早期词作灵秀明快，感情真挚；后期经历变故，词作多悲叹家国身世，情调哀婉悲怆。其词善用白描，语言清丽，世称"易安体"；其诗感时咏史，情辞慷慨。有《漱玉词》传世。代表作有《声声慢·寻寻觅觅》《一剪梅·红藕香残玉簟秋》《夏日绝句》《武陵春·春晚》《如梦令·常记溪亭日暮》等。

四、赏析

　　《如梦令·昨夜雨疏风骤》是李清照的早期作品。这首词对借宿酒醒后询问花事的描写，委婉地表达了作者惜花伤春之情，语言清新，词意隽永。

　　第一、二句："昨夜雨疏风骤，浓睡不消残酒。"看似写昨夜"雨疏风骤"的景象和自己"浓睡不消残酒"的状况，实则是词人独辟蹊径，为后面表达自己的"惜花"之情埋下伏笔。

　　第三、四句："试问卷帘人，却道海棠依旧。"尽管酒醉一夜浓睡，但早晨醒来后，关心的第一件事却是园子里的海棠。于是就向正在卷帘的侍女问个究竟。一个"试"字，将词人的矛盾心理表达得非常贴切，又关心花，又害怕听到花谢的消息。可侍女卷起窗帘，看了看外面，漫不经心地回答：海棠花还是那样。一个"却"字，既表明侍女对女主人的心事毫无觉察，对窗外发生的变化无动于衷，也表明词人听到答话后感到非常意外，疑惑不解。

她想："雨疏风骤"之后，"海棠"怎么会"依旧"呢？这就非常自然地带出了最后的句子："知否？知否？应是绿肥红瘦！""应是"表明，词人对窗外的景象有经验性判断，但她毕竟没有亲眼看见，所以说话时留有余地。同时，也暗含着"必然是"和"一定是"的意思。"绿肥红瘦"的"绿"代替叶，"红"代替花，是两种颜色的对比。"肥"形容雨后的叶子因水分充足而显得肥硕，"瘦"形容雨后的花朵因不堪风吹雨打而凋零稀少，是两种状态的对比。"绿肥红瘦"既鲜明、形象地表现出暮春海棠的特点，又流露出作者感伤怜惜的情怀，实在是语言运用上的一个创造。由此联想，那"红瘦"表明春花和春天正渐渐消逝，而"绿肥"则象征着绿叶成荫的盛夏即将来临。

五、诵读指导

这首小令短短六句，有人物，有场景，有对白，富有层次。诵读时，充分体会其语言、情感的转折和修辞，注意对"雨疏""风骤""浓睡""残酒""试问""却""知否？知否？"和"绿肥红瘦"等的语气、节奏和情感处理。

昨夜/雨疏/风骤，浓睡/不消/残酒。试问/卷帘人，却道/海棠依旧。知否？知否？应是/绿肥/红瘦！

六、写汉字

昨

丨	冂	日	日	旷

旷	昨	昨

疏

㇇	了	㇈	正	正	正

正	疏	疏	疏	疏	疏

骤

ㄱ	马	马	马	马	马	马
骉	骉	骉	骉	骤	骤	骤
骤	骤	骤				

睡

丨	冂	月	月	目	盰	盰
盰	盰	盰	睡	睡	睡	

消

丶	氵	氵	汌	汌	沂
汌	消	消	消		

试

丶	讠	讠	计	计	讠
试	试				

卷

丶	丷	丷	丷	半	关
卷	卷				

帘

丶	八	宀	宀	宀	宀
帘	帘				

却

一	十	土	去	去	却
却					

棠

丨	丷	丷	丷	丷	尚
尚	尚	堂	棠	棠	棠

否

一	丆	不	不	不	否
否					

应

丶	亠	广	广	广	应
应					

七、经典阅读

机不可失，时不再来。

——《旧五代史·晋书·安重荣传》

释义：时机难得，必须抓紧，一旦错过了就不可能重来。常用来告诫大家要牢牢把握、善于利用有利时机。

八、读后写作

请根据"经典阅读"中的语句，写一段读后感。

长相思[1]·汴水[2]流

[唐] 白居易

biàn shuǐ liú sì shuǐ liú liú dào guā zhōu gǔ dù tóu wú
汴水流，泗水[3]流，流到瓜洲古渡[4]头。吴

shān diǎndiǎnchóu
山[5]点点愁。

sī yōu yōu hèn yōu yōu hèn dào guī shí fāng shǐ xiū yuè míng rén
思悠悠[6]，恨[7]悠悠，恨到归时方始休。月明人

yǐ lóu
倚楼。

元·黄公望《富春山居图·无用师卷》（局部）

一、注释

[1] **长相思**：词牌名。本为乐府篇名，后来成为唐教坊曲名，因南朝乐府中有"上言长相思，下言久别离"一句而得名。双调三十六字，前后阙各四句三平韵、一叠韵。

[2] **汴水**：又名汴渠，源于河南，东南流入安徽宿县、泗县，与泗水合流，向东南汇入淮河。

[3] **泗水**：山东省中部较大河流，发源于山东省新泰市东南太平顶山西麓，经新泰、泗水、曲阜等地，至淮南注入淮河，原系淮河的一条最大支流。

[4] **瓜洲古渡**：在今江苏省扬州市南，长江北岸。形状像瓜字，因此而得名。

[5] **吴山**：泛指江南群山。

[6] **悠悠**：形容长久，遥远。

[7] **恨**：遗憾，后悔；怨恨。

二、今译

汴水长流，泗水长流，流到长江古老的瓜州渡口。遥想江南群山起起伏伏，像凝聚着无限的哀愁。

思念悠长，怨恨悠长，哪里是尽头？伊人呀，只有你归来，我的思念才会休。一轮明月当空照，而我孤独倚楼自忧愁。

三、作者简介

白居易（772—846），字乐天，自号香山居士、醉吟先生，中唐著名诗人，原籍太原，祖上迁居下邽，生于河南新郑。他早年与元稹齐名，并称"元白"；晚年与刘禹锡唱和，并称"刘白"，其诗题材广泛，形式多样，语言平易通俗，对后世诗文影响深远。有《白氏长庆集》传世，代表作有《长恨歌》《卖炭翁》《琵琶行》《暮江吟》《大林寺桃花》等。

四、赏析

相思是人类最普遍的情感之一，也是历代诗家文人付诸歌咏的最佳题材之一。白居易这首《长相思·汴水流》有其特定的相思对象，即他的侍妾樊素。由于种种原因，樊素自求离去。词人对于樊素的离去十分伤感。《长相思·汴水流》则表达了词人的这份情感。

词的上片"汴水流，泗水流，流到瓜洲古渡头。吴山点点愁。"写樊素回南方的必经之路。因为她是杭州人，故词人望吴山而生愁。汴水、泗水是一去不复返的，随之南下的樊素大概也和河水一样，永远离开了他，所以词人想象中的吴中山脉，点点都似愁绪凝聚而成。短短几句，把归人行程和愁怨的焦点都简括而又深沉地传达了出来。尽管佳人已去，妆楼空空，可词人一片痴情，终难忘怀。于是，他在下片抒发了自己的相思之痛。

"思悠悠，恨悠悠，恨到归时方始休。月明人倚楼。"两个"悠悠"，刻画出词人思念之深、悔恨之强烈。这种强烈的思念和悔恨何时是个尽头呢？只有情人回归后才能停止。然而那不过是空想，他只能倚楼而望，以回忆昔日的欢乐，遣散心中的郁闷而已。

　　这首词语言浅易流畅、音律和谐，以"恨"写"爱"。但它用回环复沓的句式、流水般汩汩有声的节奏，贯穿每个间歇点和终点的相同韵脚，造成了绵远悠长的韵味，使相思之痛、离别之苦表现得更加充分。

五、诵读指导

　　伤感的词人笔下，山容水态都充满了哀愁。诵读上片的时候，从平缓叙事逐渐转为低徊缠绵的情韵。朗诵下片时，减缓语速，总体表现出词里所包含的伤感，特别是对两个"悠悠"的处理，要表现愁思和悔恨的绵长，以增强艺术感染力。

　　汴水流，泗水流，流到瓜洲／古渡头。吴山／点点愁。

　　思悠悠，恨悠悠，恨到归时／方始休。月明／人倚楼。

六、写汉字

汴　`丶 氵 氵 氵 氵 汴 汴`

泗　`丶 氵 氵 汩 汩 泗 泗`

瓜　`一 厂 瓜 瓜 瓜`

洲　`丶 氵 氵 氵 沙 沙 洲 洲 洲`

点

丶	卜	上	占	占	点
点	点	点			

悠

丿	亻	亻	忄	忄	攸
攸	攸	悠	悠	悠	

休

丿	亻	仁	什	什	休

倚

丿	亻	仁	伫	伫	倚
倚	倚	倚	倚		

七、经典阅读

路遥知马力，日久见人心。

——元·无名氏《争报恩》

释义：路途远了才可以知道马力大小，时间长了才能了解人的心地好坏。比喻经过实践和时间的检验，才能正确地认识人。也作"路遥知马力，事久见人心"。

八、写作

请根据"经典阅读"中的语句，写一段读后感。

35　浣溪沙^[1]·一曲新词酒一杯

［宋］晏殊

一曲^[2]新词^[3]酒一杯^[4]，去年天气旧^[5]亭台。夕阳^[6]西下^[7]几时回^[8]？

无可奈何^[9]花落去，似曾相识^[10]燕归来^[11]。小园香径^[12]独^[13]徘徊^[14]。

清·马元驭《花卉册·杏花燕子》

一、注释

[1] **浣溪沙**：原唐教坊曲名，后用作词牌名，又名"浣溪纱""浣沙溪""满园春""小庭花"等。上下阙各三句，字数以四十二字居多，另有四十四字和四十六字的两种变体。

[2] **一曲**：一首。因为词是配合音乐演唱的，故称"曲"。

[3] **新词**：刚填好的词，意指新歌。

[4] **酒一杯**：一杯酒。

[5] **旧**：旧时，过去的。

[6] **夕阳**：傍晚的太阳。

[7] **西下**：向西方地平线落下。

[8] **几时回**：什么时候回来。

[9] **无可奈何**：不得已，没有办法。有"可惜"的意思。

[10] **似曾相识**：好像曾经见过（认识）。形容见过的事物再度出现。

[11] **燕归来**：燕子从南方飞回来。

[12] **香径**：花草芳香的小径，或指落花飘香的小径。径：小路。

[13] **独**：副词，独自。

[14] **徘徊**：在一个地方来回地走。

二、今译

听一曲以新词谱成的歌，饮一杯美酒。想起去年同样的季节，还是这样的亭台。天边的夕阳西下了，不知何时再转回来。

无可奈何中，春花正在凋落。去年似曾见过的燕子，如今翩翩归来。在花香弥漫的园中小路上，我满怀惆怅独自徘徊。

三、作者简介

晏殊（991—1055），字同叔，抚州临川（今江西进贤）人，北宋文学家、政治家，擅长填词，尤擅小令，风格含蓄婉丽。与其第七子晏几道被称为"大晏"和"小晏"，与欧阳修并称"晏欧"。晏殊的作品多表现诗酒生活和悠闲情致。存世作品有《珠玉词》《晏元献遗文》《类要》残本。

四、赏析

这是晏殊词中最为脍炙人口的篇章。全词语言通俗流畅，清丽自然，意蕴深沉。词中对宇宙人生的深思，给人以哲理性的启迪和美的享受。

词之上片叠印时空，重在思昔。起句"一曲新词酒一杯，去年天气旧亭台"写对酒听歌的景象，触发词人对"去年"所经历的类似场景的追忆：一样的天气，一样的亭台楼阁，一样的清歌美酒。然而，似乎一切依旧的表象下是人事全非的怀旧之感，在这种怀旧之感中又糅合着深深的伤今之情。于是词人不由得从心底涌出这样的喟叹："夕阳西下几时回？"夕阳西下，触发的是词人对美好景物的流连，对时光流逝的怅惘，以及对美好事物重现的微茫的希望。

下片则巧借眼前景物，重在伤今。"无可奈何花落去，似曾相识燕归来"为对偶句，语言凝练、句式整齐、声韵和谐，富有节奏感和音乐美，成为后世传诵的名句。花的凋落、春的消逝、时光的流逝，都是不可抗拒的自然规律，纵然惋惜流连也无济于事，所以说"无可奈何"。然而，词人所感受到的并不只是花朵凋零消逝的淡淡哀伤，还有令人欣慰的重现，那便是"似曾相识燕归来"。"花落""燕归"蕴含着某种生活哲理：我们无法阻止美好事物的消逝，但同时仍然有美好事物的再现，生活不会因消逝而变得一片虚无，只不过这种重现"似曾相识"罢了，所以词人仍然有些惆怅，以在"小园香径独徘徊"来排解。

五、诵读指导

这首词起句带着潇洒安闲的意态，诵读时要气缓声柔。随着词人感慨光阴飞逝、物是人非，在"落花"与"燕归"的惋惜与欣慰的交织中，最后的心情仍然是惆怅的，诵读时在充盈、平实的语气中应带有淡淡的忧愁之感。

一曲/新词/酒一杯，去年/天气/旧亭台。夕阳/西下/几时回？

无可奈何/花落去，似曾相识/燕归来。小园香径/独徘徊。

六、写汉字

新
丶 亠 ㇒ 立 立 立
辛 亲 亲 亲 新 新
新

词
丶 讠 讵 词 词 词
词

杯
一 十 オ 木 木 杉
杉 杯

气
丿 ㇒ 气 气

无
一 二 于 无

奈
一 ナ 大 太 杏 李
杏 奈

何
丿 亻 仁 仃 佀 何
何

识
丶 讠 识 识 识 识
识

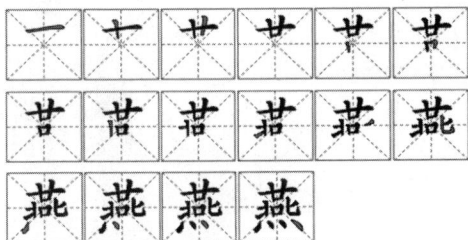

七、经典阅读

年年岁岁花相似，岁岁年年人不同。

——唐·刘希夷《代悲白头翁》

释义：每一年的花都是相似的，但每年来看花的人却不同。形容景物依旧，人事多变，世事无常，表达了一种时光流逝、物是人非的感慨。

八、写作

请根据"经典阅读"中的语句，写一段读后感。

长相思·山一程

[清] 纳兰性德

shān yì chéng shuǐ yì chéng   shēn xiàng yú guān   nà pàn   xíng
山一程，水一程[1]，身向榆关[2]那畔[3]行，

yè shēn qiān zhàng dēng
夜深千帐[4]灯。

fēng yì gēng xuě yì gēng   guō   suì xiāng xīn mèng bù chéng   gù
风一更，雪一更[5]，聒[6]碎乡心梦不成，故

yuán   wú cǐ shēng
园[7]无此声[8]。

清·王翚《康熙南巡图卷三之济南至泰山》（局部）

一、注释

[1] 山一程，水一程：即山长水远，指走过一段又一段的山路水路。程：里程，路程。

[2] 榆关：今山海关。

[3] 那畔：那边，即山海关的另一边。畔：旁侧。这里指关外。

[4] **千帐**：指军营帐篷的数量很多。帐：帐，帐幕，又特指军中营帐。

[5] **风一更，雪一更**：整夜风雪交加。更：旧时一夜分五更，每更大约两小时。

[6] **聒**：声音嘈杂，使人厌烦。

[7] **故园**：故乡，家乡。

[8] **此声**：指风雪交加的声音。

二、今译

翻过一座座山，越过一趟趟水，护驾的千军万马正向榆关那边走去。天黑了，营帐里点起一盏盏灯。

整夜风雪交加，嘈杂的声音搅碎了我对故乡的思念之情，难以入眠。故乡没有这样的风雪声。

三、作者简介

纳兰性德（1655—1685），叶赫那拉氏，字容若，号楞伽山人，原名纳兰成德，满洲正黄旗人，清初著名词人。纳兰性德一生著作颇丰，词以"真"取胜。他的"纳兰词"在清代甚至整个中国词坛上都享有很高声誉。代表作有《木兰词·拟古决绝词柬友》《浣溪沙·谁念西风独自凉》《画堂春·一生一代一双人》《长相思·山一程》等。

四、赏析

纳兰性德在清康熙二十一年（1682）随康熙皇帝出关东巡，祭告祖灵。出山海关后，风雪凄鸣，清寒苍凉的关外天气引发了他对家的思念，写下了这首《长相思·山一程》。

词的上片"山一程，水一程，身向榆关那畔行，夜深千帐灯"的前两句将"一程"二字重复使用，突出路途的艰难曲折、遥远漫长。"身向榆关那畔行"点明行旅的方向。词人在这里强调的是"身"向榆关，暗示的是"心"向故园，使读者想到词人留恋家园、频频回首的情景。"榆关"指山海关，"那畔行"说明此次的最终目的地不是"榆关"，而是比"榆关"还要远的地方。"那畔"是比较通俗的语言，颇含疏远的感情色彩。词人脱口而出这样的俗语，表示这次奉命出行"榆关"的无奈。这里借描述周围的情况而写心情，实际是表达词人对故园的深深依恋。"夜深千帐灯"很有意境，每一个帐篷都透出点点灯火，照亮了苍茫漆黑的塞外。"千帐"言营帐之多，写出了御驾出巡的宏大气势。此句既是上片感情酝酿的高潮，也是上下片之间的自然转换，起到承前启后的作用。

词的下片"风一更，雪一更，聒碎乡心梦不成，故园无此声"的开头"风一更，雪一更"描写荒凉苦寒的塞外，暴风雪交加，彻夜不停。既紧承上片，交代了"夜深千帐灯"的原因，又与"山一程，水一程"两相映照，明写时间在风雪交替中的推移，暗指词人对风雨人生路的疲惫之心。"聒碎乡心梦不成"说嘈杂的风雪交加之声早已把思乡之心搅乱，以致辗转反侧，无法入眠，才听得出野外的风雪之声与家乡的不同。此时此地，背井离乡，词人体会到了将士们驻守边疆的寒苦和思念家乡之情。结句的"聒"字用得很灵脱，写出了风狂雪骤的气势，表现了词人对狂风暴雪的厌恶情感。

《长相思·山一程》虽然是小令，但境界宏大，场面壮观。其语言朴素自然，写照逼真，既有韵律优美、民歌风味浓郁的一面，又有含蓄深沉、感情丰富的一面。

五、诵读指导

诵读这首《长相思·山一程》时，要注意情感变化，以充盈、宏浑的语气和充沛的感情表达出浩荡的行进队伍、"夜深千帐灯"的壮美意境；以稍微平缓的语气和节奏表达风雪交加夜晚的思乡之情。

山一程，水一程，身向/榆关/那畔行，夜深/千帐灯。

风一更，雪一更，聒碎/乡心/梦不成，故园/无此声。

六、写汉字

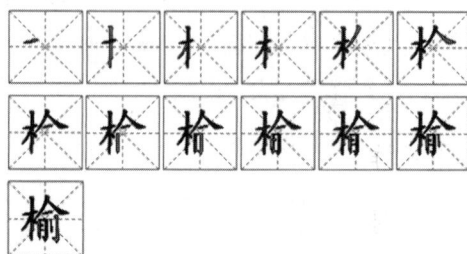

畔

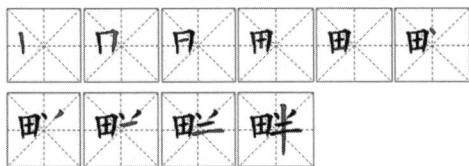

帐

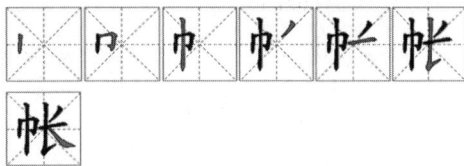

灯

聒

碎

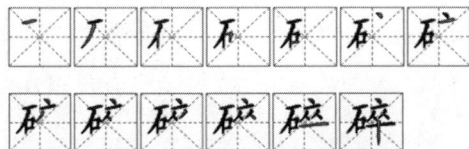

梦

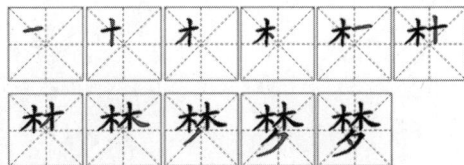

七、经典阅读

树高千尺，叶落归根。倦鸟知还，游子思亲。

——唐·慧能《六祖坛经》

释义：树长得再高，落叶还是要回到树根去；在外疲倦的鸟儿知道回巢，游子会思念亲人。比喻人和事物都有一定的归宿。多指客居他乡的人，离开故土时间再长，最终还是想要回归故土。

八、写作

请根据"经典阅读"中的语句，写一段读后感，表达自己的思乡之情。

生查子[1]·元夕

[宋] 欧阳修

清·佚名《十二月月令图·一月》

去年元夜[2]时，花市灯如昼[3]。月上柳梢头，人约黄昏后。

今年元夜时，月与灯依旧。不见去年人，泪湿春衫[4]袖。

一、注释

[1] **生查子**：唐代教坊曲名，后用为词牌名，又名"楚云深""梅和柳"等。四十字，上下阕各两仄韵，似仄韵五言绝句，宜抒发哀伤怨抑之情。查：读 zhā。

[2] **元夜**：农历正月十五为元宵节，这夜称为元夜。自隋唐以来，民间有元夜观灯的习俗。

[3] **昼**：白天（跟"夜"相对）。

[4] **春衫**：年少时穿的衣服，也可指代年轻时的自己。

二、今译

去年元宵节的夜晚，遍街都是各种花灯，灯火明亮如同白昼。月亮斜挂在杨柳梢头，我与佳人相约在黄昏之后。

今年的元宵节夜晚，月儿、花灯和去年一样明亮依旧，可是见不到去年的佳人，我不由得泪水浸湿了衣袖。

三、作者简介

欧阳修（1007—1072），字永叔，号醉翁，晚年号六一居士，吉州永丰（今江西吉安永丰）人，北宋政治家、文学家。他是北宋诗文革新运动的领袖，"唐宋八大家"之一，代表作有《醉翁亭记》《秋声赋》等。

四、赏析

这是一首相思词，词人用对比手法写去年与情人相会时的温馨甜蜜与今日不见情人的痛苦忧伤。

词的上片"去年元夜时，花市灯如昼。月上柳梢头，人约黄昏后"回忆主人公去年元夜与情人相会的甜蜜往事。去年元宵佳节，花市华灯通明，如同白昼。月亮挂在树梢，月色和柳丝相映成趣，不但是观灯赏月的好时节，也正是情人约会的良好时机。周围的环境，无论是花市、彩灯，还是明月、柳梢，都是爱的见证、美的表白、未来幸福的图景。情与景联系在一起，展现了美的意境。"月上柳梢头，人约黄昏后"更是情景交融，写出了恋人月光柳影下两情依依、情话绵绵的景象，制造出朦胧清幽、婉约柔美的意境。

词的下片则与上片形成鲜明对比，描写今年元夜时主人公故地重游的现实。"今年元夜时，月与灯依旧"概括地交代了环境，虽然只举月与灯，但是实际应包括第二、三句的花和柳，说一切与去年一样。"依旧"两字又把人们的思绪引向上片的描写之中，月色依旧美好，灯市依旧灿烂。一切景物依旧，而人又如何呢？"不见去年人，泪湿春衫袖。"人潮涌动中去年的情人已经不在，空留自己孤身一人。抚今追昔，触景伤怀，怎不使人潸然泪下？"不见去年人"一句已有无限伤感隐含其中，末句"泪湿春衫袖"再把这种伤感之情形象化、明朗化。一个"湿"字，将物是人非、旧情难续的伤感和裂心之痛表现得淋漓尽致。

这首《生查子·元夕》的语言浅白、通俗、明快，从去年元宵节的夜晚到今年元宵节的夜晚，从黄昏之约到泪湿衣袖，完全如口语道来，客观忠实却婉转感人，让人在不知不觉间深陷这段痛彻肺腑、欲罢不能的情感历程。这就是欧阳修的笔力，大俗而大雅。

五、诵读指导

这首词的上片回忆去年元夜恋人相约的美好，朗读时语气应尽量欢快；下片描绘今年元夜的凄凉，朗读时要把景是人非、旧情难续的伤感表达出来。

去年/元夜时，花市/灯如昼。月上/柳梢头，人约/黄昏后。

今年/元夜时，月与灯/依旧。不见/去年人，泪湿/春衫袖。

六、写汉字

市　一　亠　亣　市　市

昼　フ　コ　尸　尺　尺　尽　昼　昼　昼

梢　一　十　才　木　杧　杧　杧　杧　梢　梢　梢

约　乡　纟　纟　纟　约　约

昏
| 一 | 厂 | 斤 | 氏 | 昏 | 昏 |

昏 | 昏 |

与
| 一 | 与 | 与 |

泪
| 丶 | 冫 | 氵 | 汀 | 汀 | 汩 |

汩 | 泪 |

湿
| 丶 | 冫 | 氵 | 汩 | 沪 | 沪 |

浬 | 浬 | 湿 | 湿 | 湿 | 湿 |

衫
| 丶 | 礻 | 衤 | 衤 | 衤 | 衤 |

衫 | 衫 |

袖
| 丶 | 礻 | 衤 | 衤 | 衤 | 衤 |

衤 | 袖 | 袖 | 袖 |

七、经典阅读

正月十五看花灯——走着瞧。

——歇后语

释义：歇后语是中国人民在生活实践中创造的一种特殊语言形式，具有鲜明的民族特色和浓郁的生活气息，幽默风趣，耐人寻味。它一般由两个部分构成：第一部分是形象的比喻，像谜面；第二部分是解释、说明，像谜底，十分自然贴切。在一定的语言环境中，通常说出前半截，"歇"去后半截，就可以领会和猜想出它的本意。这句话的意思是正月十五的花灯非常多，只能一边行走一边观看。后引申表示一件事情不能过早下结论，要过一段时间才能见分晓。

八、写作

　　请根据"经典阅读"中的语句，想一想在你的母语里有没有像中国歇后语这样的语言表达？有没有类似于元宵节的节日？请写一段文字描述。

卜算子[1]·我住长江头[2]

[宋] 李之仪

wǒ zhù cháng jiāng tóu　　jūn　　zhù cháng jiāng wěi　　　　rì rì sī　　jūn
我 住 长 江 头，君[3] 住 长 江 尾[4]。日 日 思[5] 君

bú jiàn jūn　　gòng yǐn　　cháng jiāng shuǐ
不 见 君，共 饮[6] 长 江 水。

cǐ shuǐ jǐ shí xiū　　　　cǐ hèn hé shí yǐ　　　　zhǐ yuàn jūn xīn sì wǒ xīn
此 水 几 时 休[7]，此 恨 何 时 已[8]。只 愿 君 心 似 我 心，

dìng　　bú fù　　xiāng sī yì
定[9] 不 负[10] 相 思 意。

宋·赵黻《长江万里图》(局部)

一、注释

　　[1] **卜算子**：词牌名，又名"百尺楼""眉峰碧""楚天遥"，双调四十四字，上下阙各两仄韵。

　　[2] **长江头**：长江上游。

　　[3] **君**：对人的尊称。

　　[4] **长江尾**：长江下游。

　　[5] **思**：思念，怀念。

[6] **饮**：喝。

[7] **休**：停止。

[8] **已**：停止，结束。

[9] **定**：词中的衬字。在词规定的字数外适当地增添不太关键的字词，以更好地表情达意，叫作衬字，亦称"添声"。"定"亦可作副词，意为"必定，一定"。

[10] **负**：背弃，辜负。

二、今译

我住在长江上游，你住在长江下游。我日日思念着你而见不到你，却和你共饮着长江水。

这悠悠江水啊，要流到什么时候才会停止？这段离愁别恨又要到何年何月才会结束？但愿你的心同我的心一样，那么就一定不会辜负这一番相思情意了。

三、作家简介

李之仪（1048—1117），字端叔，自号姑溪居士、姑溪老农，北宋词人，滨州无棣（今属山东）人，著有《姑溪词》一卷、《姑溪居士前集》五十卷和《姑溪题跋》二卷。

四、赏析

这首小令仅四十五字，却言短情长，围绕着长江水，表达主人翁的思念和分离的怨愁。该词明显吸收了民歌的优良传统，语言质朴清新又曲折委婉，含蓄而深沉。

全词如一首情意绵绵的恋歌，以长江之水起兴，抒发深深的恋情。开头两句，"我"与"君"相对，分住"江头"与"江尾"，足见双方空间距离遥远，也暗寓相思之情悠长。第三、四两句从前两句直接引出。江头江尾的万里相隔，引出"日日思君不见君"；而同住长江之滨，则引出"共饮长江水"。词人只淡淡道出"不见"与"共饮"的事实，然而联起来吟味，便觉笔墨之外别具一段深情妙理。这就是两句之间含而未宣、任人体味的那层转折。这"共饮"似乎多少能慰藉相思离隔之恨。

下片承上"思君不见"，仍紧扣长江水写别恨。"此水几时休，此恨何时已。"长江之水悠悠东流，不知道什么时候才能休止，自己的相思离别之恨也不知道什么时候才能停歇。用"几时休""何时已"这样的口吻，一方面表明主观上祈盼恨之能已，另一方面又暗透客观上恨之无已。江水永无止泻之日，自己的相思隔离之恨也永无消歇之时。此处言词直率而热烈。最后的"只愿君心似我心，定不负相思意"说明恨之不已正缘于爱之深切。"我心"既是江水不竭，相思不已，自然也就希望"君心似我心"，不负相思之意。下片短短数句却感情起伏，层层递进，仿佛可以感触到主人公深情的思念与热切的期望。

五、诵读指导

这首词朴实无华却又情意绵绵，具有民歌风味，朗诵时要随着情感起伏有语速变化。上片开头两句须如叙事般平稳，第三、四句可以读得缓慢一些，体现出主人公悠悠的相思情意；下片的语句可以在音量和语速上增加变化，强调"几时休""何时已"，后两句在语气上展示主人公离愁别恨之后的深切期待与坚定信念。

我住/长江头，君住/长江尾。日日思君/不见君，共饮/长江水。

此水/几时休？此恨/何时已？只愿君心/似我心，定不负/相思意。

六、写汉字

住

ノ	亻	亻	亻	亻	住
住					

尾

⁻	⁻	尸	尸	尸	尾
尾					

共

一	十	廿	世	共	共

饮

ノ	⺈	饣	饮	饮	饮
饮					

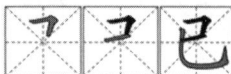

已

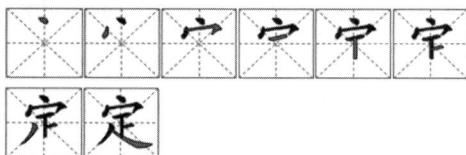

定

负

七、经典阅读

长江后浪推前浪，世上新人赶旧人。

——《增广贤文》

释义：长江后浪滚滚，推着前浪，直到前浪消失；世界上新人不断出现，踏着旧人的脚步往前走。万事万物皆如此，不断新旧更迭。就像长江的后浪推着前浪走一样，世上的年轻人总会胜过老年人。这与"青出于蓝而胜于蓝"意义相近。

长江是中国第一大河，全长 6300 多千米。长江发源于青海省西南部、青藏高原上的唐古拉山脉主峰各拉丹冬雪山，曲折东流，干流先后流经 11 个省、自治区和直辖市，最后注入东海。长江是中华民族的母亲河，是中华民族的重要发祥地。

八、写作

根据"经典阅读"中的语句，写一段读后感。

39　西江月[1]·夜行黄沙[2]道中

［宋］辛弃疾

míng yuè bié zhī   jīng què   qīng fēng bàn yè míng chán   dào huā
明月别枝[3]惊鹊[4]，清风半夜鸣蝉[5]。稻花

xiāng lǐ shuōfēngnián   tīng qǔ   wā shēng yí piàn
香里说丰年，听取[6]蛙声一片。

qī bā gè xīng tiān wài   liǎng sān diǎn yǔ shān qián   jiù shí   máo diàn
七八个星天外，两三点雨山前。旧时[7]茅店[8]

shè lín   biān   lù zhuǎn xī qiáo hū xiàn
社林[9]边，路转溪桥忽见[10]。

明·文徵明《林榭煎茶图》

一、注释

［1］**西江月**：唐教坊曲名，后用为词牌名，又名"白蘋香""步虚词""江月令"等。词的正体双调五十字，前后阕各四句，一般起首两句用对仗，两平韵一叶（xié）韵。

［2］**黄沙**：黄沙岭，位于现江西上饶的西面。

［3］**别枝**：离开枝头。

［4］**鹊**：喜鹊。

［5］**鸣蝉**：蝉叫声。

［6］**取**：作助动词。

［7］**旧时**：往日。

［8］**茅店**：茅草盖的乡村客店。

［9］**社林**：土地庙附近的树林。社：土地神庙。

［10］**忽见**：忽然出现。见：显现，出现，同"现"。

二、今译

明月升上来，惊飞了栖息在枝头的鹊儿。清凉的晚风吹来远处的蝉叫声。在稻谷的花香里谈论丰收的年景，耳边传来一阵阵青蛙的叫声。

天边，几颗闪烁的星星时隐时现，走到山前，雨点打在身上。我急急地转过溪上小桥，社林边的茅店忽然出现在眼前。

三、作者简介

辛弃疾（1140—1207），字幼安，号稼轩，山东历城（今属济南）人，南宋著名爱国将领，豪放派词人，有"词中之龙"之称。他与苏轼合称"苏辛"，与李清照并称"济南二安"。代表作有《清平乐·村居》《青玉案·元夕》《西江月·夜行黄沙道中》《永遇乐·京口北固亭怀古》《破阵子·为陈同甫赋壮词以寄之》等。

四、赏析

这首词写夏夜去黄沙岭的途中，乡间特有的声音、特有的景色、特有的味道、特有的生活气息，流露出词人对乡村生活的淳厚感情。

词的上片写月明风清的夏夜，以蝉鸣、蛙声等乡村特有的声音，衬托山村乡间夏夜独有的野趣、宁静和优美。第一、二句"明月别枝惊鹊，清风半夜鸣蝉"，实词叠加，六个意象构成唯美的意境。月光下，鹊儿的惊飞不定，自然会引起"别枝"摇曳；当凉风徐徐吹拂，夜里知了的鸣叫显得如此清幽。风、月、蝉、鹊等平常之物经过词人巧妙组合，动中寓静，令人悠然神往。第三、四句"稻花香里说丰年，听取蛙声一片"的意思是身边的稻花香预示着丰收，似乎青蛙也在争说丰年光景。"听取蛙声一片"既写实，又有新意。上片每句都有声音，也都有深更半夜的静悄。动与静的结合既体现了乡村夏夜的静谧，又突出了乡村生活的优美和惬意。

　　词的下片"七八个星天外，两三点雨山前"以轻云小雨和旧游之地的突然出现，表现夜行乡间的乐趣。天外稀星"七八个"表示时间已进入下半夜。山前疏雨落到词人身上，刚才还怀有闲情逸致的词人不禁有些着急，于是加快了脚步，赶紧寻找避雨场所。这是平地波澜，有这一波澜，便把收尾两句衬托得更有力。"旧时茅店社林边，路转溪桥忽见"是个倒装句，把"忽见"的惊喜表现出来。词人正愁会被雨淋，走过溪上小桥，路转了方向，就忽然见到社林边从前歇过的那家茅店。这既衬出了词人骤然间看到"旧时茅店"的欢喜，又体现出词人沉浸在稻花香中以致忘了路途远近的入迷程度，有画龙点睛之妙。

　　辛弃疾的这首《西江月·夜行黄沙道中》一改他以往豪放悲壮的词风，用清新的笔调、意象的叠加，让我们感受到了他在这美好的意境中的惬意、清澈的欢喜与乡间野趣的纯净。

五、诵读指导

　　词人笔下的乡村生活美好、宁静、疏淡。诵读时，在充分理解句子的基础上进行断句。读上片时，须体会夏夜寂静中的热闹和词人的愉悦心情，以淳厚的感情和适中的语速表达月明风清的夏夜里农村生活的动与静。词的下片，从稳定的语速转换到山前疏雨时的焦急，到最后两句读出"忽见"茅店的惊喜感。

　　明月/别枝/惊鹊，清风/半夜/鸣蝉。稻花香里/说丰年，听取/蛙声一片。

　　七八个星/天外，两三点雨/山前。旧时/茅店/社林边，路转/溪桥/忽见。

六、写汉字

鹊

一	十	卝	世	昔	昔
昔	昔	昔	鹊	鹊	鹊
鹊					

蝉

丶	口	口	中	虫	虫
虫	虫	虫	蚰	蚰	蝉
蝉	蝉				

稻

| 一 | 二 | 千 | 禾 | 禾 | 禾 | 禾 |
| 禾 | 秆 | 秆 | 秆 | 秆 | 稻 | 稻 |
| 稻 |

说

| 丶 | 讠 | 讠 | 讠 | 讠 | 讠 |
| 讠 | 诮 | 说 |

蛙

| 丶 | 口 | 口 | 中 | 虫 | 虫 |
| 虫 | 虾 | 蚌 | 蛙 | 蛙 | 蛙 |

片

| 丿 | 丿 | 片 | 片 |

茅

| 一 | 一 | 艹 | 艹 | 艹 | 茸 |
| 茅 | 茅 |

社

| 丶 | 礻 | 礻 | 礻 | 礻 | 社 |
| 社 |

忽

| 丿 | 勹 | 勹 | 勿 | 勿 | 忽 |
| 忽 | 忽 |

七、经典阅读

学而不思则罔，思而不学则殆。

——《论语·为政》

释义："学而不思则罔，思而不学则殆"最初是说学习圣贤之道，而不反思自己的过错则人生依然迷茫，思考自己的不足而不落实孝、悌、忠、信、礼、义、廉、耻则是懈怠。后来这句话通常被认为是在解释学习和思考的辩证关系。基本意思：学习了之后要思考运用，思考运用的同时也要加强学习。如果只学习不思考，或者只思考而不学习，都会徒劳无功。

八、写作

请根据"经典阅读"中的语句，写一段读后感。

40 归园田居组诗·其三

[晋] 陶渊明

清·董诰《新畬耕馌》

种 豆 南 山 [1] 下 ，
zhòng dòu nán shān xià

草 盛 [2] 豆 苗 稀 [3] 。
cǎo shèng dòu miáo xī

晨 兴 [4] 理 [5] 荒 秽 [6] ，
chén xīng lǐ huāng huì

带 月 [7] 荷 锄 归 [8] 。
dài yuè hè chú guī

道 狭 [9] 草 木 长 ，
dào xiá cǎo mù cháng

夕 露 沾 [10] 我 衣 。
xī lù zhān wǒ yī

$$\text{衣 沾 不 足}^{[11]}\text{ 惜}^{[12]},$$
yī zhān bù zú xī

$$\text{但 使}^{[13]}\text{ 愿 无 违}^{[14]}。$$
dàn shǐ yuàn wú wéi

一、注释

[1] **南山**：庐山。

[2] **盛**：茂盛，繁盛。

[3] **稀**：稀疏。事物之间距离远、空间间隙大。

[4] **兴**：起来。

[5] **理**：清理；清除；整理。

[6] **荒秽**：田中杂草。

[7] **带月**：顶着月亮。

[8] **荷锄归**：扛着锄头回家。

[9] **道狭**：道路窄。狭：窄。

[10] **沾**：浸湿。

[11] **足**：足以；值得。

[12] **惜**：可惜；惋惜。

[13] **但使**：只要让。但是副词，意思是只要。

[14] **愿无违**：不违背自己的愿望。愿：既指庄稼的收成，又指隐居躬耕的心愿。

违：不遵照；不依从；违背。

二、今译

我在庐山脚下种豆，

杂草茂盛而豆苗稀疏生长。

我早上起来去地里锄草，

很晚了才披着月色扛着锄头回家。

山路狭窄，露重草长，

我的衣襟也被沾湿了。

衣襟被沾湿并不可惜，

只要这种隐居田园的生活与我的愿望不相违背就行了。

三、作者简介

陶渊明（约365—427），名潜，字元亮，别号五柳先生，卒后私谥"靖节"，世称"靖节先生"，浔阳柴桑（今江西九江）人，杰出诗人。他的诗多写田园风光和农村生活，是中国第一位田园诗人，被誉为"隐逸诗人之宗""田园诗派之鼻祖"。代表作有《饮酒·其五》《归园田居》《归去来兮辞》《桃花源记》《五柳先生传》等。

四、赏析

这首诗是陶渊明组诗《归园田居》的第三首，也是他田园诗的代表作。陶渊明是田园诗派的开创者。他笔下的"桃花源"更是无数人心中的向往之地。在辞官之后，陶渊明过起了躬耕田亩的隐居生活。在这首诗中，诗人为我们讲述了他亲身劳作的生活情景。

全诗第一、二句"种豆南山下，草盛豆苗稀"点明了务农的内容、地点和情景：诗人在南山下开辟了一块土地种植豆子，但是在他的地里，杂草长得十分茂盛，豆苗很稀疏。"盛"与"稀"既符合实际情况，又是对比手法，形成了一种浓浓的意趣，渲染出虚实相间的美感，读来使人印象更为深刻。第三、四句"晨兴理荒秽，带月荷锄归"，写诗人每天清晨起来到田里干活，清除豆苗旁边的杂草，一直到晚上月亮出来才扛着锄头回家。诗人虽然起早贪黑务农，但是能避开官场的尔虞我诈，其心情是畅快的，一天的劳作让他赢得了一身月光和满天星辉。

第五、六句"道狭草木长，夕露沾我衣"写诗人回家的山间小路狭窄，道路两旁草木丛生，晚上气温下降，草叶上凝结的露水沾湿了他的衣裳。诗人此时的心情应该是十分愉快的，不然也不能把晚归的情景描写得如此富有情趣。他劳动归来虽是独自一人，却有一轮明月相伴。月下的诗人，肩扛一把锄头，穿行在两边草很深的小路上，俨然一幅充满意趣的月夜归耕图！图中的诗人身上洋溢着远离尘嚣的悠然自得，让我们也可以感受到诗人对这种安然隐逸生活的无限热爱。所以才有了诗作最后"衣沾不足惜，但使愿无违"的感叹；衣服湿了没有什么可惜的，只要不违背自己归隐的心愿就足够了。最后两句反映了诗人生活虽苦，却愿意保持生活自由、心灵纯洁，其信念如此坚定又何惧衣服被露水沾湿呢？

该诗语言清新淡雅，诗中有画，意境纯美，不染尘俗。其中"衣沾不足惜"潜藏了诗人归隐的决心与无所畏惧,其宗旨是"但使愿无违"。这样的生活可以让自己坚持操守和初心。此诗结尾两句是全篇的诗眼,从中折射出诗人高尚的人格和情操。

五、诵读指导

诵读此诗,需要了解诗的写作背景和诗人的人生心愿,根据描写内容,把握好节奏。诗的开头就好像是一位老农在和我们述说家常,让人觉得既自然又亲切,宜用平实自如的叙事语调;最后两句宜用缓慢语速和感叹语调表达诗人的精神境界、人生志趣和对田园生活的热爱。

种豆/南山下,
草盛/豆苗稀。
晨兴/理荒秽,
带月/荷锄归。

道狭/草木长,
夕露/沾我衣。
衣沾/不足惜,
但使/愿无违。

六、写汉字

种

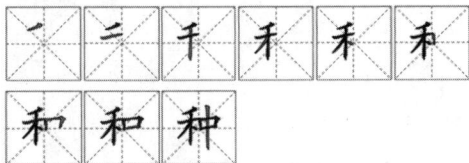

苗

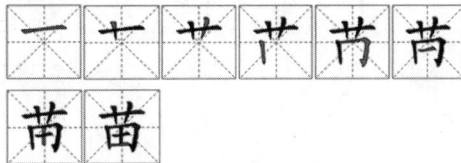

晨

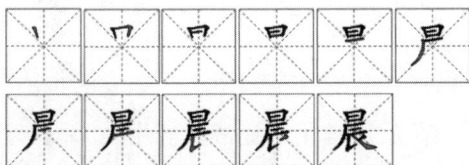

理

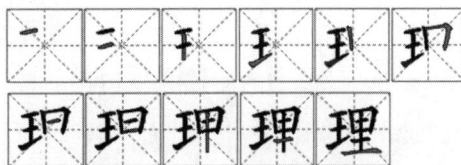

荒

一	十	卝	芒	芒	芒
芒	芒	荒			

秒

一	二	千	禾	禾	利
秒	秒	秒	秒	秒	

带

一	十	卅	世	卅	带
带	带	带			

锄

丿	丿	卜	卢	钅	钅
钿	钿	钿	钿	锄	锄

狭

丿	犭	犭	犭	犭	犭
犭	狭	狭			

沾

丶	氵	氵	汁	汁	汁
沾	沾				

使

丿	亻	亻	乍	乍	乍
使	使				

违

一	二	弓	韦	韦	违
违					

七、经典阅读

知之为知之，不知为不知，是知也。

——《论语·为政》

释义：这是广为流传的一句孔子名言，意思是：知道就是知道，不知道就是不知道，这才是聪明的。"知"通"智"，意思是聪明。后世被用来提醒人们用老实的态度对待知识问题，来不得半点虚伪和骄傲，要养成踏实认真的学习态度、实事求是的作风。这句话也告诉人们，要虚心学习，不要不懂装懂。

八、写作

请根据"经典阅读"中的语句，写一段读后感。

41 虞美人[1]·春花秋月何时了

[五代] 李煜

chūn huā qiū yuè hé shí liǎo　　wǎng shì zhī duō shao　　xiǎo lóu zuó yè yòu dōng

春花秋月何时了[2]？往事知多少。小楼昨夜又东

fēng　　gù guó bù kān huí shǒu yuè míng zhōng

风，故国不堪回首月明中。

diāo lán yù qì　　yīng yóu　　zài　　zhǐ shì zhū yán gǎi　　wèn jūn

雕栏玉砌[3]应犹[4]在，只是朱颜改[5]。问君[6]

néng yǒu jǐ duō chóu　　qià sì　yì jiāng chūn shuǐ xiàng dōng liú

能有几多愁，恰似一江春水向东流。

清·任颐《春山啼鸟镜心》

一、注释

[1] **虞美人**：词牌名，原为唐教坊曲名，又名"一江春水""玉壶水""巫山十二峰"等。正体双调五十六字，前后阕各四句，两仄韵、两平韵。

[2] 了：完毕；结束。

[3] 雕栏玉砌：指远在金陵的南唐故宫。砌：台阶。

[4] 应犹：一作"依然"。

[5] 朱颜改：指所怀念的人已衰老。

[6] 君：君主；对人的尊称。这里为作者自称。

二、今译

春天的花儿，秋夜的月亮，春去秋来，什么时候是个完结呢？多少往事涌上心头。昨夜小楼又吹起春风，在这皓月当空的夜晚，怎承受得了回忆故国的伤痛。

金陵故宫精雕细刻的栏杆、玉石砌成的台阶应该还在，只是所怀念的人已衰老。要问我心中有多少哀愁，正像这不尽的一江春水滚滚东流。

三、作者简介

李煜（937—978），字重光，五代十国时期南唐中主李璟第六子，南唐后主，史称"李后主"，是南唐末代君主，兵败降宋，被俘至汴京，封"违命侯"，后被宋太宗赐死。李煜精通音律书画，尤以词的成就最高。其词风清新自然，语言多白描而不减雅致。代表作有《虞美人·春花秋月何时了》《相见欢·无言独上西楼》《相见欢·林华谢了春红》等。

四、赏析

《虞美人·春花秋月何时了》是李煜的代表作。词人通过对自然永恒与人生无常的对比，抒发了亡国后顿感生命落空的悲哀。

"春花秋月何时了"中"春花秋月"这些最易勾起人们美好联想的事物，对亡国之君来说，却已了无意趣了。"何时了"三字虽问得离奇，但设身处地去想象词人的处境，就不难理解了。除了怨问苍天，年年春花开，岁岁秋月圆，什么时候才能了结呢？还有触景生情后的自问，劫后之残生又将何时了却呢？"往事知多少"表达的是词人对自己过去生活的追忆。

"小楼昨夜又东风"的"又"点明了"春花秋月"的时序变化，更印证了春花秋月无法终了的事实。隐含词人降宋后又苟活了一年，加重了上两句流露的愁绪，也引出词人对故国往事的回忆。"不堪回首"四字乃心中滴血之语。"月明中"既是呼应起句"春花秋月"之"月",也将小楼、故国、人生等统统笼罩在永恒的月色中。这位从威赫的国君沦为阶下囚的南唐后主,此时此刻心中有的不只是悲苦愁绪,多少也有悔恨之意。

尽管"故国不堪回首",可又不能不"回首"。"雕栏玉砌应犹在,只是朱颜改"这两句具体写"回首""故国"——故都金陵华丽的宫殿大概还在,只是宫中那些家人朱颜已改,过去的美好生活已不在。"只是"二字以叹惋的口气,传达出无限怅恨之感。"朱颜"一词在这里固然具体指往日宫中的红粉佳人,但同时又是过去一切美好事物、美好生活的象征。

以上六句,词人竭力将美景与悲情、往昔与当今、景物与人事的对比融为一体,尤其是通过自然永恒和人事沧桑的强烈对比,把蕴蓄于胸中的悲愁悔恨曲折有致地倾泻出来,凝成最后的千古绝唱:"问君能有几多愁,恰似一江春水向东流。"词人用满江的春水来比喻满腹的愁恨之无穷无尽、无休无止、无法遏制,形象极为贴切,不仅显示了愁恨的悠长深远,而且显示了愁恨的汹涌翻腾,充分体现出奔腾中的感情所具有的力度和深度,极具感染力。

全词以明净、凝练、优美、清新的语言,运用比喻、对比、设问等多种修辞手法,高度地概括和淋漓尽致地表达了词人的真情实感。全词虚设问答,在问答中回首往事,感慨今朝,写得自然流畅,最后进入语尽意不尽的境界,使词显得阔大宏伟。

五、诵读指导

在诵读这首词时,要以恰当的节奏表达全词的情感核心"愁"。在抑扬顿挫中,重点把握"何时""多少""又""不堪""应""只是""几多"等表现诗人内心痛苦忧伤的字词。在诵读"春花秋月""往事""小楼""东风""故国""月明""雕栏玉砌""朱颜""一江春水"等词时,要用清楚明了的声音创设意境。在处理词人的发问时,从"春花秋月何时了""往事知多少"到最后"问君能有几多愁",需要在声调上有变化,表达层层叠加、曲折回旋之感。最后以平仄交替的"恰似一江春水向东流"把感情在升腾流动中的深度和力度表达出来。

春花/秋月/何时了?往事/知多少。小楼/昨夜/又东风,故国/不堪回首/月明中。

雕栏/玉砌/应犹在,只是/朱颜改。问君/能有/几多愁,恰似/一江春水/向东流。

六、写汉字

往

| ノ | ノ | 彳 | 彳 | 彳 | 彳 |

| 往 | 往 |

事

| 一 | 一 | 一 | 亖 | 亖 | 亖 |

| 亖 | 事 |

堪

| 一 | 十 | 土 | 圵 | 圹 | 坩 |

| 坩 | 坩 | 堪 | 堪 | 堪 | 堪 |

雕

| ノ | 刀 | 月 | 月 | 月 | 月 |

| 月 | 月 | 刖 | 刖 | 刖 | 刖 |

| 雕 | 雕 | 雕 | 雕 |

栏

| 一 | 十 | 才 | 木 | 木 | 栏 |

| 栏 | 栏 | 栏 |

砌

| 一 | 丆 | 丆 | 石 | 石 | 石 |

| 砌 | 砌 | 砌 |

犹

| ノ | 犭 | 犭 | 犭 | 犹 | 犹 |

| 犹 |

朱

| ノ | ニ | 二 | 牛 | 牛 | 朱 |

颜

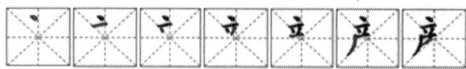

能

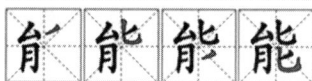

恰

七、经典阅读

天下兴亡，匹夫有责。

——清·顾炎武《日知录·正始》

释义：匹夫，泛指一般人。天下的兴盛和衰亡，每一个普通人都有责任。"天下兴亡，匹夫有责"的说法常用于激发人们的爱国热情。也作"国家兴亡，匹夫有责"。

八、写作

请根据"经典阅读"中的语句，写一段读后感。

卜算子·咏梅

［宋］ 陆游

yì wài   duànqiáo   biān   jì mò kāi wú zhǔ   yǐ shì huánghūn dú
驿外[1] 断桥[2] 边，寂寞开无主[3]。已是黄昏独

zì chóu   gèngzhuó   fēng hé yǔ
自愁，更着[4]风和雨。

wú yì   kǔ zhēngchūn   yí rèn   qúnfāng dù   líng luò   chéng
无意[5]苦争春[6]，一任[7]群芳妒。零落[8]成

ní niǎn zuò chén   zhǐ yǒu xiāng rú gù
泥碾作尘，只有香如故[9]。

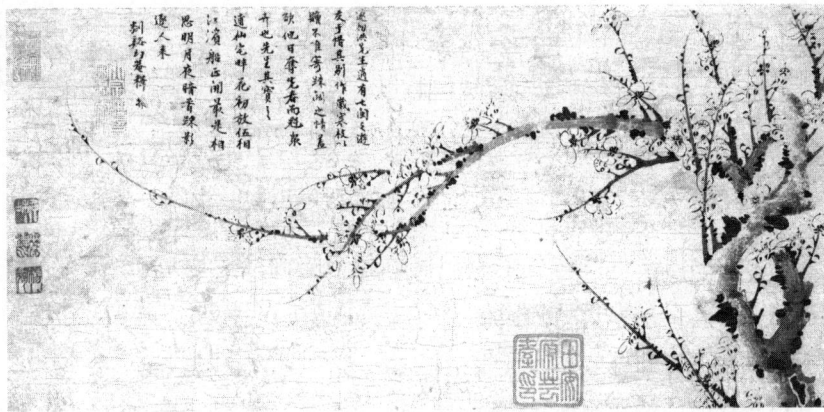

明·杨辉《墨梅图》

一、注释

[1] **驿外**：指荒僻、冷清之地。驿：驿站，古代供驿马或官吏中途休息的场所。

[2] **断桥**：残破的桥。

[3] **无主**：自生自灭，无人照管，无人欣赏。

[4] **着**：同"著"，这里是遭受、承受的意思。

[5] **无意**：不想，没有心思。

[6] **争春**：与百花争奇斗艳。

[7] **一任**：听凭；任从。

[8] **零落**：凋谢；陨落。

[9] **香如故**：香气依旧存在。故：花开时。

二、今译

驿站外的断桥边，没人照看的梅花寂寞地开放。已是日落黄昏，梅花独自愁苦，又遭到风雨的袭击。

梅花不想费尽心思争春斗艳，任凭百花妒忌。即使落花成泥，被碾作尘土，依然散发出缕缕清香。

三、作者简介

陆游（1125—1210），字务观，号放翁，越州山阴（今浙江绍兴）人，南宋文学家、史学家、爱国诗人、词人。其诗语言平易晓畅、章法整饬严谨，兼具李白的雄奇奔放与杜甫的沉郁悲凉，尤以饱含爱国热情对后世影响深远。其词与散文成就亦高。代表作有《卜算子·咏梅》《示儿》《游山西村》《十一月四日风雨大作》等。

四、赏析

创作本词时，陆游正处在人生低谷。这首咏梅的词其实也是陆游的咏怀之作。词所塑造的梅花形象，有词人自己的影子，明写梅花，暗写抱负。其特点是赋予梅花高洁的品格和精神，而不从外表形态上去描写。

词的上片写梅的处境和遭遇。"驿外断桥边，寂寞开无主"写梅花生长的地点，在驿站外的断桥旁边，无人护持，自开自落。"已是黄昏独自愁，更着风和雨"写梅花的遭遇：在黄昏时分的凄风苦雨中开放。驿外断桥边，人迹罕至，梅花自然也就倍受冷落。日落黄昏，暮色朦胧中，无人过问的梅花何以承受这凄凉呢？它只有"愁"，而且是"独自愁"。这个"独自"讲的也是寂寞，与上句的"寂寞"相呼应。"更着"二字，更显凄风冷雨让这种愁苦仿佛无人能承受。尽管环境如此恶劣，梅花还是"开"了。这个"开"字让梅花的顽强不言自明。

词的下片写梅花的灵魂与品格。"无意苦争春，一任群芳妒"承上片的寂寞无主、黄昏日落、风雨交加等境遇，说任凭百花嫉妒，梅花却无意争春。"零落成泥碾作尘，只有香如故"写梅花即使不堪风雨摧残，凋零飘落成泥，被碾压成尘，它那别致的香味却依然"如故"。"零落成泥碾作尘"从写作手法上来说，是铺垫，是蓄势，是为了把下句的词意推上最高峰。

这首词笔致细腻，以清新的情调写出了傲然不屈的梅花，意味深隽，是咏梅词中的绝唱。读这首词，联系词人的政治遭遇，我们从梅花的命运与品格中不仅可以看到词人身世的缩影，而且能读出词人像梅花般冰清玉洁的精神世界和操守如故的崇高感。

五、诵读指导

词的上片用环境、时光和自然现象来烘托"愁"，诵读时，用叙事语气着重表达"梅"孤独无主的落寞凄清、风雨催逼的愁苦遭遇。词的下片作者托梅寄志，朗诵时语调可以略高扬，表达梅花的品质，"无意苦争春"而只有迎春报春的赤诚。

驿外/断桥边，寂寞/开无主。已是/黄昏/独自愁，更着/风和雨。

无意/苦争春，一任/群芳妒。零落/成泥/碾作尘，只有/香如故。

六、写汉字

驿
```
乛 马 马 驴 驿 驿
驿 驿
```

寞
```
丶 丷 宀 宀 宀
宀 宀 寄 寄 寞
寞
```

着
```
丶 丷 兰 兰 羊
羊 着 着 着 着
```

苦
```
一 艹 艹 艹 苦
苦 苦
```

195

任

ノ	イ	仁	仁	仟	任

群

ㄱ	ㅋ	ㅋ	ㅋ	尹	君
君	君	君	群	群	群
群					

妒

ㄥ	女	女	女	妒	妒
妒					

零

一	亠	雨	雨	雨	雨
雨	雫	零	零	零	零
零					

泥

丶	冫	氵	沪	沪	沪
沪	泥				

碾

一	丆	丆	石	石	石
矿	矿	矿	碾	碾	碾
碾	碾	碾			

尘

丨	小	小	少	少	尘

七、经典阅读

疏影横斜水清浅，暗香浮动月黄昏。

——宋·林逋《山园小梅二首·其一》

释义：宋人爱花，于梅更甚。前人言花，多具象表现它的花色，宋人写梅花，却重写意传神，多关注的是前人较少涉及的香气、枝干等。正如林逋的这联诗，梅花稀疏的枝条横斜在清浅的水面之上，一阵阵幽香浮动在昏黄的月色之中，将梅花的优美姿态与高洁气质以淡雅娴静的笔触烘托到了极致，非常符合宋代内敛沉静的文化性格。

八、写作

请根据"经典阅读"中的语句，写一种你喜爱的花。

43 诗经·王风[1]·采葛

bǐ cǎi gé xī yí rì bú jiàn rú sān yuè xī
彼采[2]葛[3]兮[4]，一日不见，如三月兮！

bǐ cǎi xiāo xī yí rì bú jiàn rú sān qiū xī
彼采萧[5]兮，一日不见，如三秋[6]兮！

bǐ cǎi ài xī yí rì bú jiàn rú sān suì xī
彼采艾[7]兮，一日不见，如三岁[8]兮！

清·严宏滋《采芝仙图》

一、注释

[1] 王风：东周王城洛邑一带的乐调。

[2] 采：采集；摘（花儿、叶子、果子）。

[3] **葛**：葛藤。多年生藤本植物，叶子为三片小叶组成的复叶，小叶菱形或盾形，花紫红色，荚果上有黄色细毛。根肥大，叫葛根，可制淀粉，也可入药。茎皮可制葛布。

[4] **兮**：助词，跟现代的"啊"相似。

[5] **萧**：植物名，即蒿，有香气，古时用于祭祀。古时也作艾草的别称。

[6] **三秋**：三个秋季。通常一秋为一年，后又有专指秋三月的用法。这里三秋长于三月，短于三年，义同三季，九个月。

[7] **艾**：多年生草本植物，叶子有香气，可入药，内服可作止血剂，又供灸法上用。也叫艾蒿。

[8] **岁**：年。

二、今译

那个采葛的姑娘啊，一天没有见到她，好像隔了三月啊！
那个采萧的姑娘啊，一天没有见到她，好像隔了三秋啊！
那个采艾的姑娘啊，一天没有见到她，好像隔了三年啊！

三、《诗经》简介

《诗经》是中国第一部诗歌总集，收录了西周初年至春秋中叶（约前 11 世纪—前 6 世纪）约 500 年间的诗歌 305 篇，又称《诗》《诗三百》。《诗经》分为《风》《雅》《颂》三个部分。《风》是各诸侯国的土风歌谣，有十五国风，共 160 篇，最具文学价值。《雅》是朝廷的正声雅乐，又分《小雅》和《大雅》，有 105 篇。《颂》是宗庙祭祀的乐歌，连歌带舞用以娱神，有 40 篇，分为《周颂》《鲁颂》和《商颂》。《诗经》是中国现实主义文学的源头，内容丰富，是当时社会生活的一面镜子。

四、赏析

《诗经·王风·采葛》是一首非常独特的情诗。诗的内容和技巧简单，却又简约真挚，不失丰富。

这首精短的小诗用了《诗经》中最常用的三章复沓章法，而且每章只改动了两个字，"彼采葛""彼采萧""彼采艾"中的"葛""萧""艾"，"如三月""如三秋"

"如三岁"中的"月""秋""岁"。这几乎是《诗经》中复沓章法在形式上最凝练、最简洁、最出神入化的应用，在内容上也是既凝练又内涵丰富。

在《诗经·王风·采葛》所处的时代，男子主要负责狩猎，女子主要负责采摘。因此，该诗跟采摘文化息息相关。诗中女子采葛为织布，采萧为祭祀，采艾为治病，几乎囊括了先民生活中最重要的几个方面。这一切都表明：这个姑娘对于男子是多么重要，这也正是男子内心浓郁情感喷薄而出的根源所在。男子思念心仪女子，所想的正是她日常生活的点点滴滴。分离对于他是极大的痛苦，即使是短暂的分别，在他的感觉中似乎也时光漫长，以至于难以忍耐。于是，"一日不见"，如"三月""三秋""三年"。这样简洁凝练而递进的诗句只给人一个感觉：那浓郁的爱无时不在，无处不在，改变了时空。

第二部分"一日不见，如三秋兮"，用"秋"而不用"春""夏""冬"代表季节，是因为秋天草木摇落，秋风萧瑟，易生离别情绪，引发感慨之情，与全诗意境相吻合。后人将这一情感浓缩为"一日三秋"这一成语。

此诗的艺术感染力正在于作者用了三个月、三个季节、三个年头来比喻"一日不见"的心情，形象生动。这种夸张的比喻，对于热恋中的人是合理的艺术，因为一日之别，逐渐会在他的心理上延长为"三月""三秋""三岁"。这种对自然时间的心理错觉，真实地映照出恋人间刻骨的思念，唤起不同时代读者的情感共鸣。

五、诵读指导

《诗经·王风·采葛》把先民的采摘文化、祭祀文化和爱情生活糅合在一起，显得古韵盎然、别有风味。诵读时，注意重复中的递进，把握好节奏，体会诗词的音韵之美。"兮"是语气助词，朗诵时弱读。

彼/采葛兮，一日/不见，如/三月兮！

彼/采萧兮，一日/不见，如/三秋兮！

彼/采艾兮，一日/不见，如/三岁兮！

六、写汉字

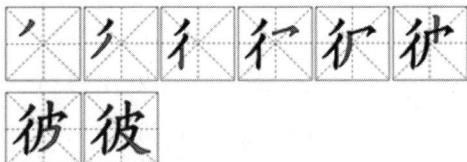

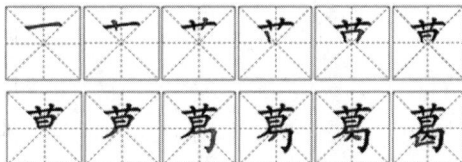

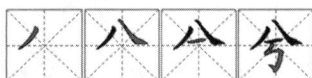

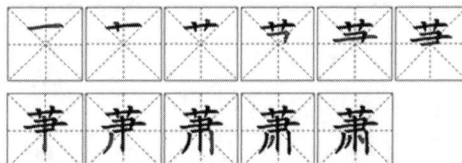

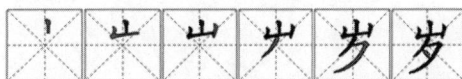

七、经典阅读

士别三日，当刮目相待。

——晋·陈寿《三国志·吴志·吕蒙传》

释义：与读书人分别几天，就应当用新的眼光来看待他了。这句话告诉我们要对他人有信心，一个人可以在短时间内有极大的进步，不要对别人抱有一成不变的态度。

八、写作

请根据"经典阅读"中的语句，谈一谈你的看法。

44 丑奴儿[1]·书博山[2]道中壁

[宋] 辛弃疾

少年[3] 不识[4] 愁滋味，爱上 层楼[5]。爱上 层楼，为赋[6] 新词 强 说愁[7]。

而今识尽[8] 愁滋味，欲说还休[9]。欲说还休，却道天凉好个秋[10]。

宋·佚名《云峰远眺图》

一、注释

[1] **丑奴儿**：词牌名。又名"采桑子""丑奴儿令""罗敷媚歌""罗敷媚"等。双调小令，正体两阕四十四字，前后阕各四句三平韵。

[2] **博山**：在今江西广丰县西南。

[3] **少年**：年轻的时候。人从十岁左右到十五六岁的阶段。

[4] **不识**：不懂；不知道什么是。

[5] **层楼**：高楼。

[6] **赋**：作（诗、词）。

[7] **强说愁**：无愁而勉强说愁。强：勉强，硬要。

[8] **识尽**：尝够；深深懂得。

[9] **欲说还休**：想要说还是没有说；内心有所顾虑而不敢表达。

[10] **却道天凉好个秋**：却说好一个凉爽的秋天啊。意谓言不由衷，顾左右而言他。道：说。

二、今译

人年轻的时候不懂忧愁的滋味，喜欢登高望远。喜欢登高望远，为了写出新词，没有愁而硬要说有愁。

现在尝尽了忧愁的滋味，想说而最终没有说。想说而最终没有说，却说道："好一个凉爽的秋天啊！"

三、作者简介

辛弃疾（1140—1207），字幼安，号稼轩，山东历城（今属济南）人，南宋著名爱国将领，豪放派词人，有"词中之龙"之称。他与苏轼合称"苏辛"，与李清照并称"济南二安"。代表作有《清平乐·村居》《青玉案·元夕》《西江月·夜行黄沙道中》《永遇乐·京口北固亭怀古》《破阵子·为陈同甫赋壮词以寄之》等。

四、赏析

词人罢官闲居带湖时，写下这首概括他大半生经历及感受的词。通过"少年"时期与"而今"对比，通篇言愁，浓愁淡写，语浅意深。

词的上片，辛弃疾回忆自己的少年时代。"少年不识愁滋味，爱上层楼。爱上层楼，为赋新词强说愁。"两个"爱上层楼"连在一起——前一个"爱上层楼"承接首句，讲少年时风华正茂、涉世不深、乐观单纯，对于"愁"还缺乏真切的体验，不识愁的滋味，爱上高楼赏玩；后一个"爱上层楼"引出下文，因为"爱上层楼"，触发诗兴，尽管"不识愁滋味"，也欲赋新词强装忧愁。

词的下片，写现在，与少年时作对比。"而今识尽愁滋味，欲说还休。欲说还休，却道天凉好个秋。"随着年岁渐长，历尽艰辛，对"愁"有了真切的体验，却避而不谈，只能谈天气。"而今"二字，转折有力，不仅显示了时间跨度，而且反映了不同的人生经历。这里的"识尽"，一是愁多，二是愁深。两个"欲说还休"，不仅在叠句形式上与上片呼应，更呈现出心中那份无限愁苦。前一个"欲说还休"，是说愁到极点，已经无话可说；后一个"欲说还休"，是知道多说无益，也没有用，于是只能说天气。一句"却道天凉好个秋"里，该有多少难以述说、难以吐露的人生况味和悲凉。

说不出口的愁才是真正的"愁"。这些愁有的不能说，有的不便说。其实，"却道"也是一种"强说"。虽然词人故作通达之语，可"欲说还休"和"却道天凉好个秋"里已经深藏了说不尽也说不出的"愁滋味"。这正是辛弃疾词作的魅力。

五、诵读指导

深刻理解词人这首词所要表达的内心情感。诵读时，上片突出"不识"和"强"字；下片诵读时，注意表现词人愁苦但又重语轻说的心境，强调"识尽"和"却道"。上下片的两个叠句，分别根据内容处理出层次感。

少年/不识/愁滋味，爱/上层楼。爱/上层楼，为赋新词/强说愁。

而今/识尽/愁滋味，欲说/还休。欲说/还休，却道/天凉/好个秋。

六、写汉字

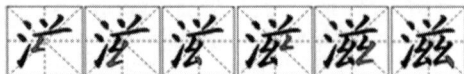
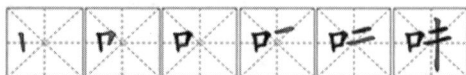

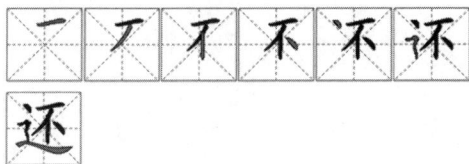

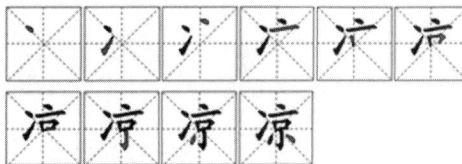

七、经典阅读

工欲善其事，必先利其器。

——《论语·卫灵公》

释义：利，使锐利。器，工具。工匠要干好活，一定要先使工具锐利。后用以形容做事要做好充分准备。比喻要做好一件事，准备工作非常重要。

八、写作

请根据"经典阅读"中的语句，写一段读后感。

45 相见欢[1] · 无言独上西楼

[五代] 李煜

明·唐寅《仕女图》

wú yán dú shàng xī lóu　　yuè rú gōu　　jì mò wú tóng shēn yuàn suǒ
无言独上西楼，月如钩。寂寞梧桐深院锁

qīng qiū
清秋[2]。

jiǎn bū duàn　lǐ hái luàn　shì lí chóu　　bié shì yì bān
剪 不 断，理 还 乱，是 离 愁[3]。别 是 一 般[4]

zī wèi zài xīn tóu
滋 味 在 心 头。

一、注释

[1] **相见欢**：词牌名，原为唐教坊曲名，又名"乌夜啼""秋夜月""上西楼"等。双调三十六字，前阕三平韵，后阕两仄韵、两平韵。

[2] **锁清秋**：被深深的秋色笼罩。锁：笼罩。清秋：深秋。

[3] **离愁**：离别的愁苦，这里指离开故国产生的愁苦。

[4] **别是一般**：另有一种。一般：一种，一番。

二、今译

独自一个人，默默无言地走上西边的楼台。抬头远望，一弯月亮如银钩一般挂在天边。院中的梧桐树孤孤单单，和这幽深的庭院一起被笼罩在清冷凄凉的秋色里。

让人想剪剪不断，想理理不清的，是离别故国的愁苦。悠悠愁思萦绕心头，又是一种难以言说的滋味。

三、作者简介

李煜（937—978），字重光，五代十国时期南唐中主李璟第六子，南唐后主，史称"李后主"，是南唐末代君主，兵败降宋，被俘至汴京，封"违命侯"，后被宋太宗赐死。李煜精通音律书画，尤以词的成就最高。其词风清新自然，语言多白描而不减雅致。代表作有《虞美人·春花秋月何时了》《相见欢·无言独上西楼》《相见欢·林华谢了春红》等。

四、赏析

这首词为典型的上片写景、下片抒情之作。

首句"无言独上西楼"将人物引入画面。"无言"活画出词人的愁苦神态，"独上"勾勒出词人孤身登楼的身影，"无言"和"独上"一静一动两个状态的描写构造出孤身一人又心中郁结的人物形象。孤独的词人默默无语，迈着沉重的步伐登上西楼，神态与动作的描写暗示词人内心深处有很多不能倾诉的孤寂与凄凉。"上西楼"登高远望，是期望一扫心中愁苦。但词人看到的，只有"月如钩"静静地照耀大地，更洒上一丝凉意。回望月光照耀下的庭院，却是"寂寞梧桐深院锁清秋"。一个"锁"字，用得极妙。只有梧桐树还在这萧瑟的秋色之中独立，却连同那秋色一起，被深深地锁在了这凄凉的庭院里。缺月、梧桐、深院、清秋，这一切无不渲染出一种凄凉的境界，词人不禁"寂寞"情生，同时也为下片的抒情做好铺垫。

作为昔日南国国君、今日北地囚徒，他在下片中用极其婉转而又无奈的笔调，表达了心中复杂而又不可言喻的愁苦与悲伤。因为被"锁"住的不只是这满院秋色，还有亡国之恨、帝王之尊、落魄之人、孤寂之人、思乡之情。此景此情，所有的情绪叠加，于是"剪不断，理还乱，是离愁"。这里的"离愁"是离开家国之"愁"、思念家国之"愁"，可其中滋味不是一个"愁"字可以说得明白的。末句"别是一般滋味在心头"道出了李煜极为复杂的内心感受。这是一种难以言传而又不可言传的滋味，对应了首句的"无言"。

李煜这首词用了浅白的语言直抒胸臆，比如用具体可感的"丝"比喻看不见、摸不着的愁绪，"剪不断，理还乱"，写得真切、感人，十分贴切。"别是一般滋味在心头"虽然语言浅白，却有一种深厚的情感沉浸其中，极具表现力，写到了人心深处、人性深处。

五、诵读指导

这是一首萦绕着离愁别绪、亡国思家等诸多情感的词，在诵读的过程中要注意声韵变化，尽力做到声情合一。上片多一点舒缓之意，下片两个仄声韵"断""乱"插在平韵中间，加强顿挫语气。同时，在读九言长句时，要铿锵有力，富有韵律美，恰当地表现词人悲痛沉郁的感情。

无言/独上西楼，月如钩。寂寞梧桐/深院锁清秋。

剪不断，理还乱，是离愁。别是一般滋味/在心头。

六、写汉字

钩
丿	人	仁	钅	钅	钅
钓	钩	钩			

梧
一	十	才	木	材	杧
梧	栖	梧	梧	梧	

桐
一	十	才	木	杧	机
桐	桐	桐	桐		

院
阝	阝	阝	阝	阶	陀
陀	院	院			

锁
丿	人	仁	钅	钅	钅
钊	钊	钊	锁	锁	锁

乱
一	二	千	千	舌	舌
乱					

般
丿	丿	力	月	月	舟
舟	舟	船	般		

七、经典阅读

但愿人长久，千里共婵娟。

——宋·苏轼《水调歌头·明月几时有》

释义：希望自己思念的人长久平安、健康，即使相隔万水千山，也可以一起欣赏这皎洁美好的月色。这句话常用于表达对远方亲人的思念之情及美好祝愿。

八、写作

请根据"经典阅读"中的语句，写一段读后感。

46 定风波[1]·莫听穿林打叶声

[宋] 苏轼

sān yuè qī rì，shā hú dào zhōng yù yǔ，yǔ jù xiān qù，tóng xíng jiē láng
三月七日，沙湖道中遇雨，雨具先去，同行皆狼

bèi，yú dú bù jué。yǐ ér suì qíng，gù zuò cǐ（cí）。
狈，余独不觉。已而遂晴，故作此（词）。

明·谢时臣《风雨归村图》

mò tīng chuān lín dǎ yè shēng，hé fáng yín xiào qiě xú
莫[2] 听 穿[3] 林 打 叶 声，何 妨 吟 啸[4] 且 徐

xíng。zhú zhàng máng xié qīng shèng mǎ，shéi pà？yì suō yān yǔ rèn
行。竹 杖 芒 鞋[5] 轻 胜 马，谁 怕？一 蓑 烟 雨 任

píng shēng
平 生[6]。

liào qiào chūn fēng chuī jiǔ xǐng，wēi lěng，shān tóu xié zhào què
料 峭[7] 春 风 吹 酒 醒，微 冷，山 头 斜 照 却

xiāng yíng。huí shǒu xiàng lái xiāo sè chù，guī qù，yě wú fēng
相 迎。回 首 向 来[8] 萧 瑟 处[9]，归 去，也 无 风

yǔ yě wú qíng
雨 也 无 晴[10]。

一、注释

[1] **定风波**：词牌名，原为唐教坊曲名，又名"卷春空""定风波令""醉琼枝""定风流"等。正体一般为双调六十二字，前阕五句三平韵两仄韵，后阕六句四仄韵两平韵。另有双调六十三字、六十字，前后阕各五句两平韵两仄韵等变体。

[2] **莫**：不要。

[3] **穿**：穿过。

[4] **吟啸**：本指高声吟唱，此处指吟咏。

[5] **芒鞋**：草鞋。

[6] **一蓑烟雨任平生**：披着蓑衣在风雨里过一辈子也处之泰然。蓑：蓑衣，用草或棕毛制成，披在身上的防雨用具。

[7] **料峭**：形容微寒（多指春寒）。

[8] **向来**：刚才。

[9] **萧瑟处**：遇雨的地方。萧瑟是象声词，指风雨吹打树叶声。

[10] **也无风雨也无晴**：风雨天气和晴朗天气是一样的，没有差别。

二、今译

不必去听那穿林打叶的雨声，不妨一边吟咏一边悠然徐行。拄竹杖，穿草鞋，走得比骑马还轻快，谁会怕！披一身蓑衣，任凭一生风雨。

料峭春风将酒意吹醒，微微有些寒冷，山头初晴的斜阳却殷殷相迎。回头望一眼走过来遇到风雨的地方，我信步归去，不管他是风雨还是天晴。

三、作者简介

苏轼（1037—1101），字子瞻，号东坡居士，眉州眉山（今四川眉山）人，北宋著名文学家、书画家。他在书法、绘画、诗词、散文等方面都有很高的造诣，是"唐宋八大家"之一，与父亲苏洵、弟弟苏辙合称"三苏"。他的散文与欧阳修齐名，并称"欧苏"；他的诗歌与黄庭坚齐名，并称"苏黄"；他是豪放词派的创始人，与南宋辛弃疾并称"苏辛"。其达观豪迈的人格风范对后世影响深远。有《东坡七集》《东坡乐府》等传世，代表作有《水调歌头·明月几时有》《念奴娇·赤壁怀古》《饮湖上初晴后雨二首》《题西林壁》等。

四、赏析

　　该词写于苏轼被贬谪黄州的第三年。词的前面有一篇小序，交代了写作的时间、背景。小序中的"余独不觉"已经表现了苏轼的气定神闲。

　　这首词的上片，写道中遇雨。首句"莫听穿林打叶声"，不必听雨点穿林打叶的声音。"莫听"二字点明外物不足萦怀之意，不惧不怕，不急不躁。"何妨吟啸且徐行"，不妨边漫行边吟唱诗词，好潇洒！表现出词人处变不惊和开朗达观的处世态度。"竹杖芒鞋轻胜马"，写词人拄着竹杖，脚穿草鞋，顶风冒雨，从容前行，以"轻胜马"的自我感受传达出一种搏击风雨、笑傲人生的轻松、愉悦和豪迈之情。"谁怕？"怕什么呢？词人用反问句式，更强调了对急雨的毫不在乎。"一蓑烟雨任平生"，更进一步，由眼前风雨推及整个人生，有力地强化了词人面对人生风雨而旷达洒脱、不畏坎坷的超然情怀。

　　这首词的下片，写雨过天晴的景象和自己的感受。"料峭春风吹酒醒"，初春时节，春风料峭，寒意袭来，酒意全醒。词人感觉"微冷"，转而发觉"山头斜照却相迎"。迎面的山头上，斜阳照耀着，眼前是一片清朗的景象。这几句既与上片所写风雨对应，又为下文所发人生感慨做铺垫。结尾"回首向来萧瑟处，归去，也无风雨也无晴"是饱含人生哲理意味的点睛之笔，道出了词人所获得的顿悟和启示：自然界的雨晴既属寻常，毫无差别，社会人生中的政治风云、荣辱得失又何足挂齿呢？句中"萧瑟"意指风雨之声，与上片"穿林打叶声"相应和。"风雨"二字，一语双关，既指野外途中所遇风雨，又暗指几乎置他于死地的政治"风雨"和人生险途。

　　人们仰慕苏轼，不仅仅因为他是文艺天才，诗词既清新又旷达豪放，更重要的是他有独到的人生感悟，在人生困顿中还能做一个旷达洒脱的自己。

五、诵读指导

　　这首词上片写词人竹杖芒鞋走在风雨中。这本是辛苦的，词人却走得潇洒恣意，所以诵读节奏要表现出超逸感和豪放感。下片一边是料峭春风的冷意，一边是山头斜照的暖意。这既是写景也是在表达人生哲理，逆境中有希望，忧患中有喜悦，所以在吟诵时要有明显的起伏变化和畅然豁达的语气。

　　莫听/穿林/打叶声，何妨/吟啸/且徐行。竹杖/芒鞋/轻胜马，谁怕？一蓑/烟雨/任平生。

　　料峭/春风/吹酒醒，微冷，山头/斜照/却相迎。回首/向来/萧瑟处，归去，也/无风雨/也/无晴。

六、写汉字

莫
一 一 艹 艹 节 苜 苩 茣 莫 莫

穿
丶 宀 宀 穴 穴 空 穿 穿

妨
乚 乚 女 女 女 妨 妨

吟
丨 口 口 叭 吟 吟

啸
丨 口 口 叮 叮 啐 啐 啸 啸 啸

徐
丿 彳 彳 彳 俗 俗 徐 徐 徐 徐

杖
一 十 才 朩 木 杕 杖

芒
一 一 艹 艹 芒 芒

鞋

| 一 | 十 | 廿 | 茾 | 茾 | 茾 | 苫 |
| 苩 | 革 | 革 | 靯 | 靯 | 靯 | 鞋 |
| 鞋 |

轻

| 一 | 七 | 车 | 车 | 轻 | 轻 |
| 轻 | 轻 | 轻 |

胜

| 丿 | 刀 | 月 | 月 | 月 | 胪 |
| 胪 | 胖 | 胜 |

怕

| 丶 | 丷 | 忄 | 忄 | 忄 | 怕 |
| 怕 | 怕 |

料

| 丶 | 丷 | 丷 | 半 | 米 | 米 |
| 米 | 米 | 米 | 料 |

峭

| 丨 | 山 | 山 | 山 | 屾 | 屾 |
| 屾 | 峭 | 峭 | 峭 |

醒

一	厂	冂	丙	两	两	酉
酉	酊	酊	酊	酊	酲	酲
醒	醒

微

| 丶 | 彡 | 彳 | 彳 | 彴 | 彽 |
| 彽 | 微 | 微 | 微 | 微 | 微 |
| 微 |

七、经典阅读

不积跬步，无以至千里；不积小流，无以成江海。

——战国·荀子《劝学》

释义：如果不一步步地行走，就没办法抵达千里之外；如果没有一条条细小的流水，就没有办法汇聚成大江大海。比喻做事情如果不一点一点积累，就永远无法达到目的。这里是在讲学习的道理，没有微小的积累，就不会有大的进步和成就，鼓励人们学习要持之以恒。

八、写作

根据"经典阅读"中的语句，写一段读后感。

将进酒[1]

[唐] 李白

清·苏六朋《太白醉酒图》

jūn bú jiàn
君 不 见[2]，

huáng hé zhī shuǐ tiān shàng lái
黄 河[3] 之 水 天 上 来，

bēn liú dào hǎi bú fù huí
奔流到海不复回。

jūn bú jiàn
君不见，

gāo táng　míng jìng bēi bái fà
高堂[4]明镜悲白发，

zhāo rú qīng sī　mù chéng xuě[6]
朝如青丝[5]暮成雪。

rén shēng dé yì　xū jìn huān
人生得意[7]须尽欢，

mò shǐ jīn zūn　kōng duì yuè
莫使金樽[8]空对月。

tiān shēng wǒ cái bì yǒu yòng
天生我材必有用，

qiān jīn sàn jìn huán fù lái
千金散尽还复来。

pēng yáng zǎi niú qiě wéi lè
烹羊宰牛且为乐，

huì xū　yì yǐn sān bǎi bēi
会须[9]一饮三百杯。

cén fū zǐ　dān qiū shēng
岑夫子，丹丘生[10]，

qiāng jìn jiǔ　bēi mò tíng
将进酒，杯莫停。

yǔ jūn gē yì qǔ
与君歌一曲，

qǐng jūn wèi wǒ qīng ěr tīng
请君为我倾耳听。

zhōng gǔ zhuàn yù　bù zú guì
钟鼓馔玉[11]不足贵，

dàn yuàn cháng zuì bú fù xǐng
但 愿 长 醉 不 复 醒。

gǔ lái shèng xián jiē jì mò
古 来 圣 贤 皆 寂 寞[12],

wéi yǒu yǐn zhě liú qí míng
惟 有 饮 者 留 其 名。

chén wáng xī shí yàn píng lè
陈 王[13] 昔 时 宴[14] 平 乐[15],

dǒu jiǔ shí qiān zì huān xuè
斗 酒 十 千[16] 恣 欢 谑[17]。

zhǔ rén hé wéi yán shǎo qián
主 人 何 为[18] 言 少 钱,

jìng xū gū qǔ duì jūn zhuó
径 须[19] 沽[20] 取 对 君 酌。

wǔ huā mǎ qiān jīn qiú
五 花 马[21], 千 金 裘[22],

hū ér jiāng chū huàn měi jiǔ
呼 儿 将 出 换 美 酒,

yǔ ěr tóng xiāo wàn gǔ chóu
与 尔 同 销 万 古 愁。

一、注释

[1] **将进酒**：乐府古题，原是汉乐府的曲调名，内容多咏唱饮酒放歌之事。将：愿，请。

[2] **君不见**：乐府诗中常用其作提醒语。

[3] **黄河**：黄河发源于青海省，那里地势极高。

[4] **高堂**：房屋的正室厅堂。

[5] **青丝**：形容柔软的黑发。

[6] **成雪**：一作"如雪"。

[7] **得意**：适意高兴的时候。

　　[8] **樽**：酒杯。

　　[9] **会须**：应当，应该。

　　[10] **岑夫子，丹丘生**：岑夫子：岑勋，南阳人；丹丘生：元丹丘，当时隐士。二人均为李白的好友。

　　[11] **钟鼓馔玉**：形容富贵豪华的生活。钟鼓：鸣钟击鼓作乐；馔玉：吃美好的食物；馔：吃喝；玉：像玉一样美好。

　　[12] **皆寂寞**：这里是被世人冷落的意思。

　　[13] **陈王**：即曹植，世称陈王或陈思王。

　　[14] **宴**：举行宴会。

　　[15] **平乐**：观名，汉明帝所建，在洛阳西门外，为汉代富豪显贵的娱乐场所。

　　[16] **斗酒十千**：一斗酒价值十千钱，指酒之名贵。

　　[17] **恣欢谑**：尽情地娱乐欢饮。恣：放纵，无拘束；谑：玩笑。

　　[18] **何为**：为什么。

　　[19] **径须**：干脆；只管。径：即，就；须，应当。

　　[20] **沽**：通"酤"，买（酒）或卖（酒）。这里指买酒。

　　[21] **五花马**：唐人喜将骏马的鬃毛修剪成瓣以为饰，分成五瓣者，称"五花马"，亦称"五花"，指马之名贵。

　　[22] **千金裘**：珍贵的毛皮衣服。裘：毛皮的衣服。

二、今译

　　你难道看不见，
　　那黄河之水从天上奔腾而来，
　　波涛翻滚直奔东海，再也没有回来。
　　你难道看不见，
　　有人对着明镜悲叹自己的满头白发，
　　早上的满头青丝到黄昏已是雪白一片。
　　人生得意之时就应当纵情欢乐，
　　不要让这金杯无酒空对明月。
　　每个人的出生都一定有自己的价值和意义，
　　黄金千两就算一挥而尽，它也还是能够再得来。
　　今天我们烹羊宰牛姑且作乐，

一次性痛快地豪饮三百杯！

岑夫子，丹丘生啊，

请二位快点喝酒吧，举起酒杯不要停下来。

让我来为你们高歌一曲，

请你们为我倾耳细听。

整天吃山珍海味的豪华生活有何珍贵，

我只希望长醉不醒。

自古以来圣贤无不冷落寂寞，

只有那会喝酒的人才能够留下美名。

陈王曹植当年设宴于平乐观，

斗酒十千也要恣意豪饮，宾主尽情欢乐。

主人呀，你为何说我的钱不多？

只管买酒来让我们一起痛饮。

那些什么名贵的五花良马，昂贵的千金狐裘，

快叫侍儿拿去统统换美酒，

让我们一起来消除这万古长愁吧！

三、作者简介

李白（701—762），字太白，号青莲居士，又号"谪仙人"。祖籍陇西成纪（今甘肃秦安东），出生在西域的碎叶城（今巴尔喀什湖南面的楚河流域），幼时随父迁居绵州昌隆（今四川江油县）青莲乡。李白是唐代伟大的浪漫主义诗人，少年即显露才华，吟诗作赋，博学广览，与杜甫并称为"李杜"。为了与另外两位诗人李商隐与杜牧即"小李杜"区别，杜甫与李白又合称"大李杜"。李白被后人誉为"诗仙"，代表作有《望庐山瀑布》《蜀道难》《将进酒》《行路难》等。

四、赏析

唐代的天才诗人李白是"诗仙"。他一生写下了许多咏酒的诗篇，非常能体现他的豪放个性。《将进酒》就是其中之一，记录了诗人和友人岑勋、元丹丘相聚饮酒之事。诗人写《将进酒》时正值仕途遇挫之际，怀才不遇，感叹人生易老，所以借酒兴诗，来了一次酣畅淋漓的抒发。

《将进酒》篇幅不算长，却气象不凡。

"君不见，黄河之水天上来，奔流到海不复回。"黄河之水从天而降，一泻千里，

奔流到海不复回。那人生呢？"君不见，高堂明镜悲白发，朝如青丝暮成雪。"这是韶光易逝的感慨。第一行诗句是空间的夸张，言黄河的壮阔奔腾如时间飞逝；第二行诗句是时间的夸张，说生命短暂，青春易老。这两行不仅为下面的"万古愁"埋下了伏笔，也为诗人的"人生得意须尽欢，莫使金樽空对月"提供了充足的借口。生命如此宝贵，人生苦短，怎么办呢？那我们就及时行乐，开怀畅饮吧。"莫""空"都是否定，双重否定意味着强烈的肯定，充满着鼓励，充满着号召。

"天生我材必有用，千金散尽还复来。"这是一种令人惊叹的豪情。"千金散尽还复来"是建立在"天生我材必有用"的坚定信念之上的。"天生我材必有用"不仅表现了李白对自己的才华和未来人生充满无限的信心，更代表了普通人的一种精神向往，千百年来，引起无数人的共鸣，被用来激励自己或者他人。

"烹羊宰牛且为乐，会须一饮三百杯。"这是李白要的酒宴。"烹羊宰牛"也是李白要的快乐。他要"一饮三百杯"。酒宴到此，气氛热烈，李白劝酒："岑夫子，丹丘生，将进酒，杯莫停。"这几句诗用了短句，节奏短促而有力，说明李白喝得很高兴。高兴了，于是说："与君歌一曲，请君为我倾耳听。"说了什么呢？

"钟鼓馔玉不足贵，但愿长醉不复醒。古来圣贤皆寂寞，惟有饮者留其名。"这些都是在为喝酒找理由。李白说，"钟鼓馔玉"这样的生活都不值得追求，我只想长醉，不想清醒。古来圣贤都很寂寞，只有饮酒者留下了名字。谁呢？他举例："陈王昔时宴平乐，斗酒十千恣欢谑。"这还是在劝人喝酒，痛快喝酒。酒兴正浓，"主人"出现了。"主人"说了什么，下文其实给了答案。

"主人何为言少钱，径须沽取对君酌。五花马，千金裘，呼儿将出换美酒，与尔同销万古愁。"表达了诗人的狂放之情。"五花马，千金裘，呼儿将出换美酒"，这是何等的不拘小节！结尾处，"与尔同销万古愁"，一下子，开头那萦怀不去的悲伤愁绪又回来了。

全诗的气势和力量与诗人用的夸张手法不无关系，如"黄河之水天上来"，巨额数字"千金""三百杯""斗酒十千""千金裘""万古愁"等，既表现了豪迈的诗情，又表达了其深厚的内在感情和那潜在酒话底下波涛汹涌的郁怒情绪。此外，全篇大起大落，诗情由悲转乐、转狂放、转激愤，再转狂放。最后结尾"与尔同销万古愁"呼应篇首"黄河之水天上来"，如大河奔流，有气势。

全诗以七言为主，又以三、五言句"破"之，有参差错落之美；诗句以散行为主，又以短小的对仗语点染，如"岑夫子，丹丘生""五花马，千金裘"。节奏疾徐尽变，既有奔放的豪情、狂逸的恣情、火热的激情，又有喷涌而出的冲天怨气。所有这些喷发出来的诗情如此完美地融合在一起，充满了理想的色彩，以一种异乎寻常的浪漫姿态扑面而来。

五、诵读指导

《将进酒》气势豪迈，感情奔放，语言流畅，极具感染力。诵读时，应该顺应诗人的情感起伏，注意诗中节奏变化，选择不同的声调和语气。从"君不见"的从容、亲切，"黄河之水"的声势，到"高堂"一联说及人生"悲白发"，重读"悲"表达叹意、慷慨生悲的韵味，再到"人生得意"节奏逐渐加快。"天生"一联显示诗人对未来的信心，应读得掷地有声，重读"须尽欢"和"空对月"。读到"会须一饮"时应豪气十足。这是全诗的铺垫部分，读后可稍作停顿。酒到酣处，诗人呼朋引伴，愉悦、爽快的情绪从"岑夫子"的亲切语气开始，语速逐渐加快，情绪愈加激越。劝酒辞须读得酣畅淋漓，再现诗人狂放不羁的个性。"钟鼓"一联应读得从容，"不足贵""不复醒"用强音读。"古来"一句宜轻读，"惟有"一句宜重读。"陈王""斗酒"两句援引古人饮酒情形，用叙述语气读，重音落在"恣欢谑"上。"主人""径须"两句，前句宜轻读，后句诗人直命沽酒，宜重读。至结尾处诗人吐尽胸中块垒，以酣畅淋漓的情感和夸张的语调放慢速度，将诗歌推向高潮。

君不见，
黄河之水/天上来，
奔流到海/不复回。
君不见，
高堂明镜/悲白发，
朝如青丝/暮成雪。
人生得意/须尽欢，
莫使金樽/空对月。
天生我材/必有用，
千金散尽/还复来。
烹羊宰牛/且为乐，
会须一饮/三百杯。
岑夫子，丹丘生，
将进酒，杯莫停。
与君/歌一曲，
请君为我/倾耳听。
钟鼓馔玉/不足贵，
但愿长醉/不复醒。

古来圣贤/皆寂寞，

惟有饮者/留其名。

陈王昔时/宴平乐，

斗酒十千/恣欢谑。

主人何为/言少钱，

径须沽取/对君酌。

五花马，千金裘，

呼儿将出/换美酒，

与尔同销/万古愁。

六、写汉字

奔

一	六	大	大	本	奔
奔	奔				

复

丿	仁	仁	厅	白	白
复	复	复			

堂

丨	丬	业	业	业	尚
尚	尚	堂	堂	堂	

镜

丿	仁	仁	乍	钅	钅
钅	铲	铲	铲	镜	
镜	镜	镜	镜		

使

丿	亻	亻	佴	仴	佰
伊	使				

金

丿	人	今	全	仐	余
余	金				

樽

一	十	才	木	杧	栌
栌	栌	栫	梢	槦	槦
槦	槦	樽	樽

材

| 一 | 十 | 才 | 木 | 术 | 村 |
| 材 |

散

| 一 | 十 | 廿 | 共 | 芇 | 芾 |
| 芾 | 芾 | 散 | 散 | 散 | 散 |

烹

| 丶 | 一 | 亠 | 六 | 亨 | 亨 |
| 亨 | 亨 | 烹 | 烹 | 烹 |

宰

| 丶 | 丷 | 宀 | 宀 | 空 | 宰 |
| 宰 | 宰 | 宰 | 宰 |

将

| 丶 | 丬 | 丬 | 丬 | 丬 | 丬 |
| 丬 | 将 | 将 |

倾

| 丶 | 亻 | 亻 | 作 | 作 | 价 |
| 价 | 倾 | 倾 | 倾 |

鼓

| 一 | 十 | 士 | 吉 | 吉 | 吉 |
| 吉 | 吉 | 壴 | 壴 | 甼 | 鼓 |
| 鼓 |

馔

丿 亻 𠂇 𠂇 𠂇 𠂇
𠂇 𠂇 𠂇 馆 馔 馔
馔 馔 馔

贤

丨 刂 刂 㠤 㡃 贤
贤 贤

皆

一 上 比 比 比 比
皆 皆 皆

惟

丶 丷 忄 忄 忄 忄
忄 忭 忭 惟 惟

留

丶 𠂊 𠂊 𠃌 𠄎 卯
留 留 留 留

昔

一 艹 艹 共 共 昔
昔 昔

宴

丶 宀 宀 宀 宜 宜
宴 宴 宴 宴

恣

丶 冫 冫 次 次 次
次 恣 恣 恣

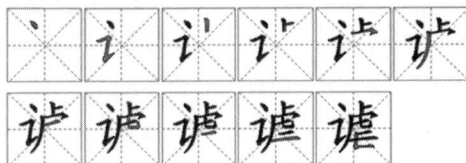

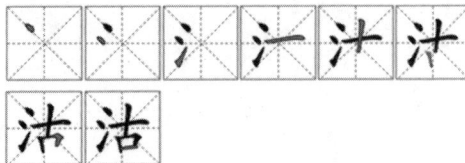

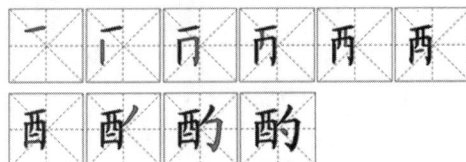

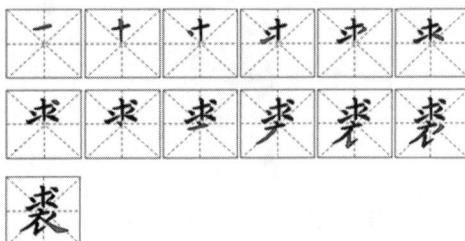

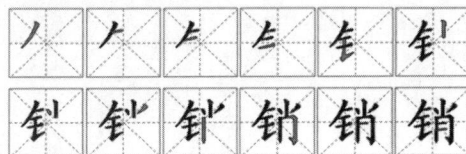

七、经典阅读

春有百花秋有月，夏有凉风冬有雪，若无闲事挂心头，便是人间好时节。

　　　　　　　　　　　　　　——宋·无门慧开禅师《颂平常心是道》

释义：一年四季，每个季节都有自己的特点。春天百花盛开，秋天皓月当空，夏天凉风撩人，冬天冰天雪地，如果能没有烦恼在心里，那么每一刻每一日都是人间最美好的时光。

八、写作

阅读本课诗文和"经典阅读"中的语句，谈一谈你认为一个人情绪低落的时候应该怎么办。

乡 愁[1]

余光中

元·赵衷《隔岸望山图》

<small>xiǎo shí hou</small>
小时候，

<small>xiāng chóu shì yì méi　　　xiǎo xiǎo de yóu piào</small>
乡愁是一枚[2] 小小的邮票，

<small>wǒ zài zhè tou</small>
我在这头，

<small>mǔ qīn zài nà tou</small>
母亲在那头。

<small>zhǎng dà hòu</small>
长大后，

<small>xiāng chóu shì yì zhāng zhǎi zhǎi de chuán piào</small>
乡愁是一张窄窄的船票，

wǒ zài zhè tou
我 在 这 头，

xīn niáng zài nà tou
新 娘 在 那 头。

hòu lái a
后 来 啊，

xiāng chóu shì yì fāng   ǎi ǎi de fén mù
乡 愁 是 一 方^[3] 矮 矮 的 坟 墓，

wǒ zài wài tou
我 在 外 头，

mǔ qīn zài lǐ tou
母 亲 在 里 头。

er xiàn zài
而 现 在，

xiāng chóu shì yì wān   qiǎn qiǎn de hǎi xiá
乡 愁 是 一 湾^[4] 浅 浅 的 海 峡，

wǒ zài zhè tou
我 在 这 头，

dà lù zài nà tou
大 陆 在 那 头。

一、注释

[1] **乡愁**：深切思念家乡的忧伤的心情。
[2] **枚**：量词，跟"个"相近，多用于形体小的东西。
[3] **方**：量词，用于方形的东西。
[4] **湾**：水流弯曲的地方。这里用作量词，修饰海峡。

二、作者简介

余光中（1928—2017），祖籍福建泉州永春，当代著名作家、诗人、学者、翻译家，把诗歌、散文、评论、翻译称为自己写作的"四度空间"，被誉为文坛的"璀璨五彩笔"。代表作有《白玉苦瓜》（诗集）、《记忆像铁轨一样长》（散文集）、《分水岭上：余光中评论文集》（评论集）等。

三、赏析

余光中离开大陆去台湾后，多年没有回过大陆。1972年，诗人在台北厦门街的旧居内写下这首诗。诗人以独特的意象、严谨的结构、完美的形式抒发了浓浓的思乡情怀。

在意象的提炼上，诗人让抽象而难以捕捉的乡愁具象为邮票、船票、坟墓、海峡。意象明朗，没有旁逸之感，含蓄而有张力，能诱发读者多方面的联想。在意象的组合上，《乡愁》以时间为线，从"小时候""长大后""后来啊"到"而现在"，四个不同的人生阶段层层推进，贯穿全诗。

《乡愁》的内容按时间顺序，从"幼子恋母"到"青年相思"，到成年后的"生死之隔"，再到对大陆的感情，逐渐上升，凝聚了诗人自幼及老的整个人生历程。不同阶段的乡愁，凝聚两端的分别是：我—母亲；我—新娘；我（生）—母亲（死）；我（游子）—大陆（故乡）。

《乡愁》的结构寓变化于统一。一是在均匀、整齐的句式中，追求一种活泼、流动而生机勃勃的表现形式，用长句与短句的变化错落，使诗的外形整齐中有参差之美。二是在恰当的意象组合中，完美地运用重复和叠词的音韵，使诗歌具有一种音乐般的节奏，回旋往复，一唱三叹。

该诗语言浅白率真而又意味隽永，追求恬淡、圆融的美学风格。以简代繁，以淡取胜，也算是绚烂之极归于平淡。诗中"小小的""窄窄的""矮矮的""浅浅的"等在同一位置上的叠词运用，增强了语言的生动性，营造出一种低回掩抑的氛围。而"一枚""一张""一方""一湾"等数量词的运用，既表现了诗人的语言功力，也加强了全诗的音韵之美。

四、诵读指导

　　首先应充分了解诗歌的写作背景，细细品味诗人真挚的情感。诵读时须打破该诗匀称的字词、句式、结构的约束，以变化的节奏、停顿、快慢、重音等表现四个不同时期的乡愁。全诗总体音调不宜太高，语调的变化起伏不宜过大，语速宜平缓舒展、不撞不冲。声音的处理上宜抑多扬少，在平稳中找到跌宕，在规整中找到参差，在重音中读出差别，以表达不同的情感。

　　小时候，
　　乡愁/是一枚/小小的/邮票，
　　我/在这头，
　　母亲/在那头。

　　长大后，
　　乡愁/是一张/窄窄的/船票，
　　我/在这头，
　　新娘/在那头。

　　后来啊，
　　乡愁/是一方/矮矮的/坟墓，
　　我/在外头，
　　母亲/在里头。

　　而现在，
　　乡愁/是一湾/浅浅的/海峡，
　　我/在这头，
　　大陆/在那头。

枚

一	十	才	木	朾	杓
杓	枚				

邮

丶	冂	冋	由	由	由阝
邮					

票

一	一	一	襾	襾	西
覀	覀	票	票	票	

窄

丶	八	宀	宀	空	空
空	窄	窄	窄		

娘

乚	乆	女	女	妒	妒
妒	娘	娘	娘		

矮

丿	仁	二	矢	矢	矢
矢	矧	矲	矲	矲	矮
矮					

坟

一	十	土	圹	圹	坟
坟					

墓

一	一	艹	艹	节	苩	苩
苴	莫	莫	莫	墓	墓	

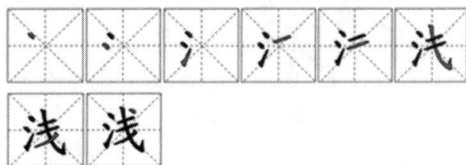

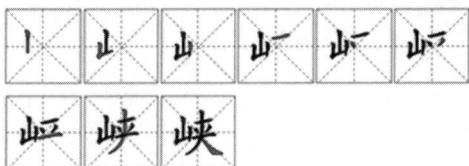

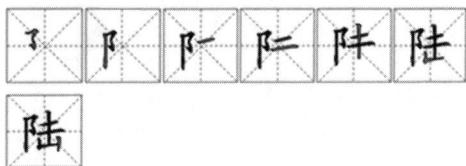

六、经典阅读

露从今夜白，月是故乡明。

——唐·杜甫《月夜忆舍弟》

释义：从今夜就进入了白露节气，月亮还是故乡的最明亮。"月是故乡明"明显带有强烈的感情色彩。诗人借月亮表达自己对故乡亲人的怀念之情。

故乡也叫家乡，是我们从小生长的地方。她是一首歌，更是一道阳光。她带给我们的是春意、温情、生机，更是希望。故乡是行者的勇气，是败者的退路。当我们远离故乡，故乡变得那么清晰。故乡的月、故乡的人、故乡的水……故乡的一切都那么美好。

七、写作

请根据"经典阅读"中的语句，写一段读后感。

有的人

——纪念鲁迅有感

臧克家

徐悲鸿《鲁迅与瞿秋白》

yǒu de rén huó zhe
有的人活着，

tā yǐ jīng sǐ le
他已经死了；

yǒu de rén sǐ le
有的人死了，

tā hái huó zhe
他还活着。

有的人

骑[1]在人民头上："呵，我多伟大[2]！"

有的人

俯下身子给人民当牛马[3]。

有的人

把名字刻入石头，想"不朽[4]"；

有的人

情愿作野草，等着地下的火烧。

有的人

他活着别人就不能活；

有的人

他活着为了多数人更好地活。

骑在人民头上的

人民把他摔垮；

gěi rén mín zuò niú mǎ de
给 人 民 作 牛 马 的

rén mín yǒng yuǎn jì zhù tā
人 民 永 远 记 住 他!

bǎ míng zi kè rù shí tou de
把 名 字 刻 入 石 头 的

míng zi bǐ shī shǒu làn de gèng zǎo
名 字 比 尸 首 [5] 烂 [6] 得 更 早;

zhǐ yào chūn fēng chuī dào de dì fang
只 要 春 风 吹 到 的 地 方

dào chù shì qīng qīng de yě cǎo
到 处 是 青 青 的 野 草。

tā huó zhe bié rén jiù bù néng huó de rén
他 活 着 别 人 就 不 能 活 的 人,

tā de xià chǎng kě yǐ kàn dào
他 的 下 场 [7] 可 以 看 到;

tā huó zhe wèi le duō shù rén gèng hǎo de huó zhe de rén
他 活 着 为 了 多 数 人 更 好 地 活 着 的 人,

qún zhòng bǎ tā tái jǔ de hěn gāo hěn gāo
群 众 把 他 抬 举 [8] 得 很 高, 很 高。

一、注释

[1] **骑**:两腿跨坐（在牲口或自行车等上面）。此处生动地表现了反动派欺压人民的状态。

[2] **伟大**:品格崇高;才识卓越,气势宏伟;规模宏大。

[3] **牛马**:比喻为生活所迫供人驱使从事艰苦劳动的人。

[4] **不朽**:不腐烂;永不磨灭（多用于抽象事物）。

[5] **尸首**:人的尸体。

［6］**烂**：腐烂。

［7］**下场**：人的结局（多指不好的）。

［8］**抬举**：看重某人而加以称赞或提拔。

二、作者简介

臧克家（1905—2004），山东诸城人，笔名"少全""何嘉"，中国现代诗人、作家、编辑，中国现实主义新诗的开拓人之一。代表作有《有的人——纪念鲁迅有感》《罪恶的黑手》《古树的花朵》《凯旋》《烙印》等。

三、赏析

这首诗是 1949 年 11 月 1 日臧克家为纪念鲁迅先生逝世 13 周年而写的，因此副标题是"纪念鲁迅有感"。然而，这首诗不只是单纯表达对鲁迅先生的怀念，而是从开篇到结尾通过两种人的鲜明对比，揭示美丑、善恶的本质区别，使它有着永恒的意义，所以受到读者欢迎。这两种人相互对照和映衬，使其中伟大的人更伟大，卑劣的人更卑劣。情感表达在对比中产生强烈的效果。

这首诗一共有七个小节，可以分为三个部分。

第一节为第一部分，是全诗的总纲。诗人开门见山，对两种人的生死进行评价，其中有两个"活"和两个"死"。第一个"活"意在表达"有的人"虽然肉体活着，但是他们在人民心中已经死了；第二个"活"的意思是"有的人"虽然已逝世多年，但他活在人们心中，人民会永远怀念他。第一个"死"的意思是缺少灵魂，表达了诗人的蔑视；第二个"死"的意思是肉体死亡。

第二、三、四节是第二部分，写了两种人对待人民和人生有着截然不同的态度，赞颂了鲁迅先生甘愿为人民作牛马的奉献精神，同时讽刺了"有的人"欺压人民、横行霸道却想"不朽"的丑态。

第五、六、七节是第三部分，写人民对这两种人也有着截然不同的态度，抒发了人民永远怀念鲁迅先生的深厚感情。因此，人们会痛恨和唾弃"有的人"，也会永远记住和颂扬像鲁迅先生那样的人。因为后者具有蓬勃的生命力和不朽的精神，像青青的野草，充满了无限的生机与希望。

这首诗语言明快凝练，富于节奏感。为了突出主题意义，丰富这篇短诗的内容，诗人通篇运用了对比的表现方法，反复使用"有的人"，使得这首诗的思想内容更加深刻和耐人寻味。

四、诵读指导

　　充分理解本诗的内容，以及诗人所要表达的对两种人的情感。诵读时，通过语气、声调、节奏，以及音量的控制和变化，用声音塑造出完全不同的两种"有的人"。诵读时，最重要的是，要有明显的情感起伏以造成对比。比如，第一个"活"字充满了鄙夷和轻蔑，第二个"活"字充满了肯定和赞美；第一个"死"字充满了痛恨和诅咒，第二个"死"字表达了惋惜和怀念之情。

　　有的人/活着，

　　他/已经死了；

　　有的人/死了，

　　他/还活着。

　　有的人

　　骑在人民头上："呵，我多伟大！"

　　有的人

　　俯下身子/给人民/当牛马。

　　有的人

　　把名字/刻入石头，想/"不朽"；

　　有的人

　　情愿作野草，等着/地下的火烧。

　　有的人

　　他活着/别人就不能活；

　　有的人

　　他活着/为了多数人/更好地活。

　　骑在/人民头上的

　　人民/把他摔垮；

　　给人民/作牛马的

　　人民/永远记住他！

把名字/刻入石头的

名字/比尸首烂得更早；

只要/春风/吹到的地方

到处是/青青的野草。

他活着/别人就不能活的人，

他的下场/可以看到；

他活着/为了多数人更好地活着的人，

群众/把他抬举得/很高，很高。

五、写汉字

活

、　冫　氵　氵　汇　汗　汗　活　活

死

一　丆　厂　歹　歹　死

骑

フ　马　马　马　驴　驴　骑　骑　骑　骑　骑

民

フ　コ　尸　民　民

伟

丿　亻　亻　仁　伃　伟

俯

丿　亻　亻　亻　疒　疒　俯　俯　俯　俯

刻

朽

烧

摔

垮

永

首

烂

吹

| 一 | 一口 | 口 | 叭 | 吹 | 吹 |

吹

群

| コ | ヨ | ヨ | 尹 | 尹 | 君 |
| 君' | 君" | 君" | 群" | 群" | 群 |

群

众

| 丿 | 人 | 个 | 众 | 夵 | 众 |

抬

| 一 | 丁 | 才 | 扌 | 扩 | 抃 |
| 抬 | 抬 |

六、经典阅读

老骥伏枥，志在千里。烈士暮年，壮心不已。

——汉·曹操《龟虽寿》

释义：年老的千里马虽然伏在马槽旁，雄心壮志仍是驰骋千里；壮志凌云的人即便到了晚年，奋发进取的心也永不止息。诗歌表达了老当益壮、永不停止、锐意进取的精神面貌和理想追求，抒发了诗人不甘衰老、不信天命的壮志豪情。

七、写作

请根据"经典阅读"中的语句，写一段读后感。

你是人间的四月天
——一句爱的赞颂

林徽因

清·恽冰《紫藤月季图》

wǒ shuō nǐ shì rén jiān de sì yuè tiān
我 说 你 是 人 间 的 四 月 天；

xiào xiǎng diǎn liàng le sì miàn fēng qīng líng
笑 响 点 亮 了 四 面 风；轻 灵

在春的光艳中交舞着变。

你是四月早天里的云烟，
黄昏吹着风的软，星子在
无意中闪，细雨点洒在花前。

那轻，那娉婷[1]，你是，鲜妍[2]
百花的冠冕[3]你戴着，你是
天真，庄严，你是夜夜的月圆。

雪化后那片鹅黄，你像；新鲜
初放芽的绿，你是；柔嫩喜悦
水光浮动着你梦期待中白莲。

你是一树一树的花开，是燕
在梁间呢喃[4]，——你是爱，是暖，
是希望，你是人间的四月天！

一、注释

[1] **娉婷**：形容女子的姿态美。

[2] **鲜妍**：鲜艳。

[3] **冠冕**：古代帝王、官员戴的帽子。此处指百花之冠。

[4] **呢喃**：拟声词，形容燕子的叫声。

二、作者简介

林徽因（1904—1955），原名林徽音，福建闽侯（今福建福州）人，中国著名建筑学家、作家、新月派诗人之一。林徽因是中国第一位女性建筑学家，中国现代文化史上的杰出女性。其一生著述甚多，包括散文、诗歌、小说、剧本、译文和书信，代表作有诗歌《你是人间的四月天》、小说《九十九度中》等。

三、赏析

《你是人间的四月天——一句爱的赞颂》是诗人林徽因于 1934 年创作的一首现代诗，是其为儿子的出生而作的生命赞歌。诗人独特的生命体验和审美感悟使该诗充溢着一种浓郁的唯美倾向，宛如一阵清新的风，温暖而纯净，绵软而轻柔，极富女性的细腻与深情，让人从心底感受到一种愉快和舒适。全诗的魅力不仅在于意境的优美，还在于形式的纯熟和语言的华美。

诗人用"人间的四月天"来表达儿子带给她的美好情感和意蕴。为准确表达思想，诗人采用重重叠叠的比喻，以轻风、云烟、星子、细雨、百花、圆月、白莲等纯洁和美好的化身，来表达孩子的天真烂漫、活泼开朗，也表达自己对孩子浓烈的爱怜和希望。在诗人的眼里，"四月天"里的一切都泛着神圣的光。诗人用"娉婷""鲜妍""百花的冠冕你戴着"写出万般宠爱中的儿子的风姿；同时用"鹅黄""绿""白"描写花的绚丽，用生机勃勃的词来比喻儿子。全诗意象都是那么的美好，笔调有如诗作所描写的画面一样，轻灵美丽、温暖喜悦，含蓄中透着热烈。最后，诗人直抒"你"就是"爱"，就是"暖"，就是"希望"，深刻地体现出一个母亲的爱，竭尽所能寻得世界上最美的语言赞美儿子。

在形式上，诗人注重韵律的和谐和形式的美感。五节句式大致整齐，各节比喻也形成了排比群，语意自然连贯，各种喻像色彩缤纷，动静交融，表现出形式的新颖、独特与完美，在清新逸美的意境中让读者感受到心灵的愉悦，甚至震颤。如排比加倒装的句式，"雪化后那片鹅黄，你像；新鲜初放芽的绿，你是"，使作品具有浑然天成的音乐节奏，朗朗上口。该诗内容与形式的完美结合，表现出中国诗歌传统中的音乐感、画面感，兼具英国古典商籁体诗歌对韵律的完美追求。诗人在结尾处再次点题"你是人间的四月天"，与诗歌第一句呼应，回味无穷。

诗人还调动了多种感官词表现四月天的特点。如对四面风的描写，一个"笑响"，一个"点亮"，一个"轻灵"，由听觉到视觉，再到感觉，赋予抽象的风灵气和生命力。对四月景的描写，视觉上有"一树一树的花开"，听觉上有"燕在梁间呢喃"，触觉上有布满空间的"暖"。诗人把儿子带给妈妈的种种美好感受描写得那么具体，也带给读者多重感官享受。同时，诗人运用云烟缥缈的轻柔表现四月天的柔和恬静，用吹着的风、闪动的星子和洒在花前的细雨点勾勒出四月天的灵动，动静结合，相得益彰。

整首诗音律和谐，语言讲究节与节的匀称、句与句的齐整，无瑕而又透明，既充满了古典主义的典雅与和谐，也洋溢着浪漫主义的热情和明朗，超越了时空，超越了个人的生命体验，具有极强的艺术感染力。

四、诵读指导

《你是人间的四月天——一句爱的赞颂》是一首可以通过反复吟诵不断生长出新意的天籁之作。在诵读这些真挚而清丽的诗句时，要充分理解该诗的内在情感节奏、音乐感与韵律感，感受诗人内心的欢欣与喜悦，调动自身的想象力和情绪，把诗中唯美的意境和珍贵的美好情感表达得如沐春风、轻灵欢快、清丽脱俗。

我说/你/是人间的/四月天；
笑响/点亮了四面风；轻灵
在春的光艳中/交舞着变。

你/是四月早天里的云烟，
黄昏/吹着风的软，星子/在
无意中闪，细雨点/洒在花前。

那轻，那娉婷，你是，鲜妍
百花的冠冕/你戴着，你是

天真，庄严，你/是/夜夜的/月圆。

雪化后那片鹅黄，你像；新鲜
初放芽的绿，你是；柔嫩/喜悦
水光浮动着/你梦期待中白莲。

你/是/一树一树的/花开，是/燕
在梁间呢喃，——你/是爱，是暖，
是希望，你是/人间的/四月天！

五、写汉字

响

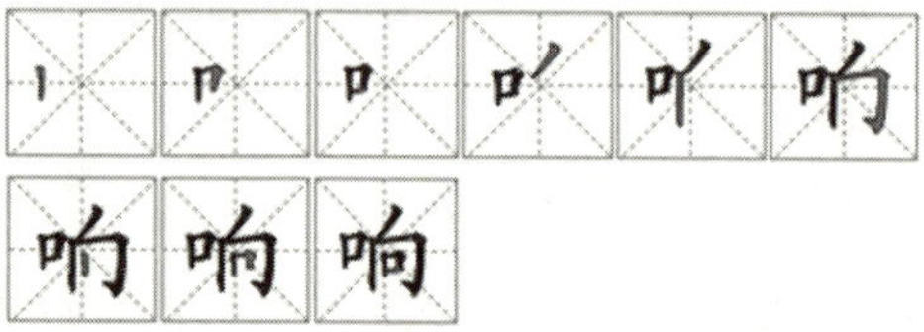

亮

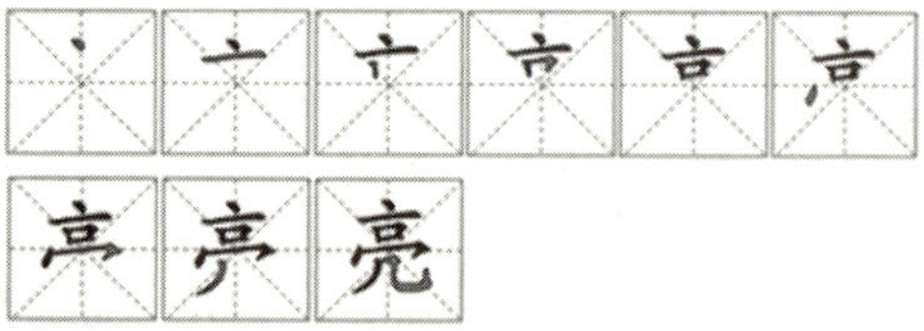

灵

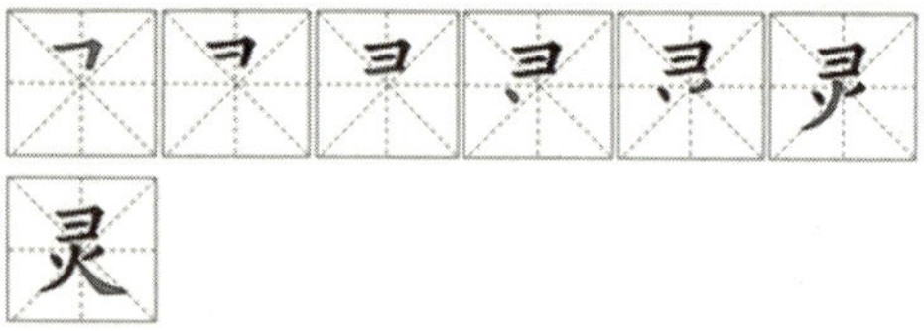

艳

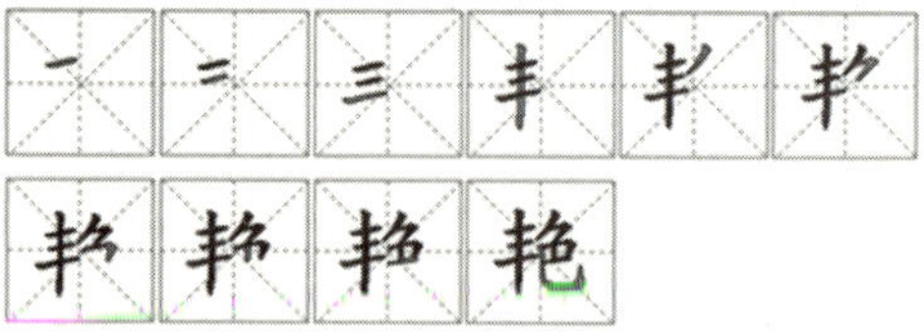

舞

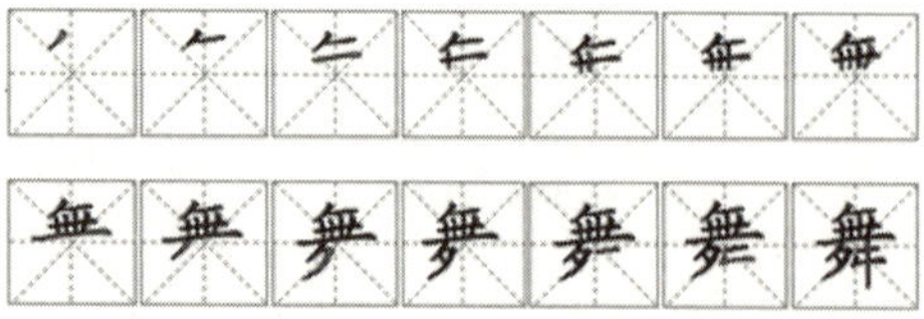

变

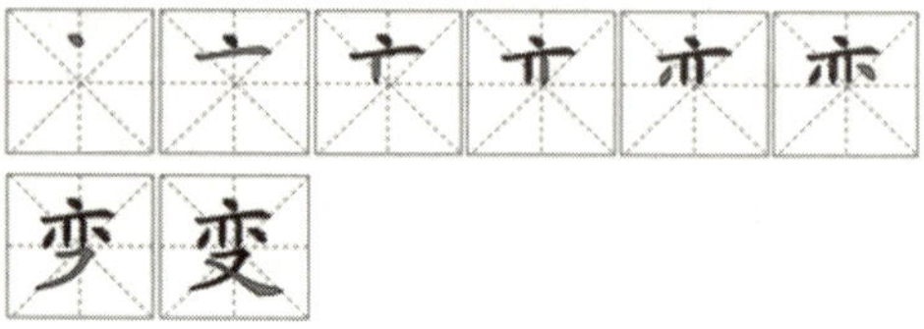

软

| 一 | 七 | 车 | 车 | 车 | 轫 |
| 轫 | 软 |

闪

| 、 | 冂 | 门 | 闪 | 闪 |

娉

| 〈 | 女 | 女 | 女 | 奵 | 奵 |
| 婤 | 婤 | 婤 | 娉 |

婷

| 〈 | 女 | 女 | 女 | 妒 | 妒 |
| 妒 | 婷 | 婷 | 婷 | 婷 | 婷 |

鲜

| 〉 | 夕 | 夕 | 兮 | 乌 | 角 | 鱼 |
| 鱼 | 鱼 | 鲉 | 鲜 | 鲜 | 鲜 | 鲜 |

妍

| 〈 | 女 | 女 | 女 | 妍 | 妍 |
| 妍 |

冠

| 丶 | 冖 | 冖 | 宁 | 罕 | 冠 |
| 冠 | 冠 | 冠 |

冕

| 丶 | 冂 | 冃 | 昌 | 昌 | 昌 |
| 昌 | 昌 | 昌 | 昇 | 冕 |

戴

一	十	士	吉	吉	吉
吉	吉	重	重	重	童
重	重	戴	戴	戴

庄

| 、 | 六 | 广 | 广 | 庄 | 庄 |

严

| 一 | 丁 | 丌 | 业 | 亚 | 亚 |
| 严 |

芽

| 一 | 十 | 艹 | 艹 | 芒 | 芽 |
| 芽 |

嫩

し	女	女	妒	妒	妒
妒	妒	嫩	嫩	嫩	嫩
嫩	嫩

悦

| 、 | 八 | 忄 | 忄 | 忄 | 忄 |
| 忄 | 悦 | 悦 | 悦 |

待

| 、 | 彳 | 彳 | 彳 | 社 | 往 |
| 往 | 待 | 待 |

梁

| 、 | 冫 | 氵 | 沙 | 沙 | 沙 |
| 沙 | 梁 | 梁 | 梁 | 梁 |

暖

| 丨 | 丨 | 丨 | 日 | 日 | 日 |
| 日 | 日 | 日 | 暖 | 暖 | 暖 |
| 暖 |

希

| 丿 | 乂 | 兰 | 并 | 羊 | 希 |
| 希 |

六、经典阅读

　　人之初，性本善。性相近，习相远。苟不教，性乃迁。教之道，贵以专。

——宋·王应麟《三字经》

　　释义：人在刚出生的时候，本性都是善良的，性情也都差不多。只是由于后天的环境和教育的不同，慢慢地，习性就有了千差万别，有的依旧善良，有的则开始变坏。如果不进行教育，原来善良的本性就会发生改变。教育好一个人的方法，贵在教导他专心致志。说明处在什么样的环境，接受什么样的教育，对于一个人的成长有着至关重要的影响。

七、写作

　　请根据"经典阅读"中的语句，写一段读后感。

MPR 出版物链码使用说明

本书中凡文字下方带有链码图标"＝＝"的地方，均可通过"泛媒关联"App 的扫码功能或"泛媒阅读"App 的"扫一扫"功能，获得对应的多媒体内容。

您可以通过扫描下方的二维码下载"泛媒关联"App、"泛媒阅读"App。

"泛媒关联" App 链码扫描操作步骤：

1. 打开"泛媒关联"App；

2. 将扫码框对准书中的链码扫描，即可播放多媒体内容。

"泛媒阅读" App 链码扫描操作步骤：

1. 打开"泛媒阅读"App；

2. 打开"扫一扫"功能；

3. 扫描书中的链码，即可播放多媒体内容。

扫码体验：

山村咏怀   登鹳雀楼